¡Que aproveche!

Mis mejores recetas caseras

Florinda Chico

¡Que aproveche!

Mis mejores recetas caseras

Ediciones Martínez Roca

Diseño cubierta: Exit
Fotografía de cubierta: Nines Minguez

Provença, 260, 08008 Barcelona
Primera edición: febrero de 2001
ISBN: 84-270-2651-X
Depósito legal: B. 4-2001
Fotocomposición: Pacmer, S. A.
Impresión: A & M Gràfic, S. L.
Encuadernación: Reinbook, S. L.

Impreso en España – Printed in Spain

Índice

Introducción

Este es un libro muy personal que recoge mis mejores recetas; esa cocina casera, a mi aire, que aprendí de mi madre y de mi tía Joaquina, una mujer catalana pero que conocía a la perfección la gastronomía de todas las regiones de España. De su buen hacer y de sus sabios consejos fue de quien aprendí lo que hoy puedo compartir con vosotros en materia de cocina.

Mi tía Joaquina y su marido tenían una pastelería-restaurante en Don Benito, ese maravilloso pueblo extremeño donde nací y que llevo siempre en mi corazón. De pequeña me iba con ellos y miraba cómo guisaban porque desde siempre he sido muy curiosa y me ha gustado aprender cosas nuevas.

Muchas de las recetas de este libro las aprendí de ellos, y de mi abuela, pero otras son de mi propia cosecha. La mayoría son guisos de toda la vida a los que yo aporto mi pequeño toque personal, y otros son más originales, según he ido descubriendo cositas nuevas, con los años, probando mucho y también equivocándome... Pero todas las recetas que llenan estas páginas llevan todo el cariño del mundo, algo que es muy importante en la cocina, mucho más de lo que parece. Porque la cocina tiene mucho de compartir y de disfrutar con los amigos y familiares. En realidad, tiene mucho de amor. En mi casa, yo siempre procuro preparar platos simpáticos y atractivos, llenos de afecto. Siempre que tengo tiempo me gusta preparar una buena cocina familiar, al calor del hogar y de los fogones.

Por eso, este libro-recetario no es sólo un libro de recetas al uso, es también el testimonio del amor hacia mi madre, mi abuela y mi tía Joaquina, de las que tanto aprendí en todos los aspectos. Son formas de hacer las cosas y truquitos viejos pero muy útiles que me encanta compartir.

Muchos de los que todavía hoy me paran por la calle con mucho cariño me preguntan, por ejemplo, por las famosas croquetas de Florinda. Y aunque ahora no guiso tanto como antes, tengo que confesar que esas famosas croquetas existen de verdad, igual que también existen el pollo a la Florinda y otros tantos platos que encontrarás aquí.

He procurado explicar todas las recetas con sencillez para que te sea más fácil consultarlas. También he procurado que todos los ingredientes sean conocidos y fáciles de encontrar. Por último, decirte que todas las recetas están pensadas para unas cuatro personas, más o menos, pero siempre calculadas generosamente porque más vale que sobre. Las he clasificado por tipos de platos para que luego tú las combines como prefieras en los menús que más te gusten.

Y nada más. Sólo decir que un plato nunca me sale igual dos veces porque siempre voy variando algún detallito. Supongo que tú harás lo mismo y aprenderás tus propios trucos. Lo importante es que disfrutes y llenes la mesa de cosas ricas.

¡Que aproveche!

Mis recetas

Cositas para picar

Canapé de champiñones

- Se lavan bien los champiñones para eliminar la arena y las piedrecitas.

- Una vez estén bien limpios, se cortan a láminas y se cuecen en una sartén con 50 g de mantequilla hasta que se ablanden. Escurrir y reservar.

- En un bol grande se baten los huevos hasta que queden espumosos y se mezclan con la leche utilizando una cuchara de madera. Calentar la mezcla al baño María. Cuando esté caliente, se sazona y se añaden los champiñones. Remover hasta que cuajen con el huevo.

- Cortar el pan de molde a triángulos quitándoles la corteza, untarlos de mantequilla y tostarlos ligeramente en el horno. Una vez tostados se untan con una cucharada de la mezcla de huevo con champiñones.

650 g de champiñones

75 g de mantequilla

125 ml de leche

4 huevos

12 rebanadas de pan de molde

sal

Emparedados de atún del norte

300 g de atún en aceite de oliva

60 g de mantequilla

150 ml de nata líquida

1 cucharada de café de zumo de limón

12 rebanadas de pan de molde

- En un bol, desmigar el atún con un tenedor regándolo con una cucharada de café de zumo de limón.
- Incorporar la mantequilla derretida al baño María y la nata líquida sin dejar de remover hasta que cuaje.
- Quitar la corteza a seis rebanadas de pan y untarlas con la mezcla.
- Cubrir con las seis rebanadas restantes y servir cortadas en triángulo.

Canutillos «ideal»

Este entrante es tan sencillo que hasta los principiantes podrán hacerlo con los ojos cerrados. Basta con:

- Cortar la corteza del pan y untar las rebanadas con la mitad del queso colocando sobre esta capa el jamón.
- Untar el resto del queso sobre el jamón y enrollar cada rebanada pinchándola con un palillo para que no se abra.
- Envolver los rollitos en papel de aluminio e introducir durante un par de horas en el frigorífico.
- Servir fríos cortados en láminas muy finas.

12 lonchas gruesas de jamón de York

24 quesitos

12 rebanadas grandes de pan de molde

Patatas bravas

1 kg de patatas

2 cebollas

100 ml de salsa de tomate un poco líquida

1 vaso de vino blanco seco

pimentón

aceite de oliva

sal

• Pelar y lavar las patatas y cortarlas a dados grandes.

• Pelar y picar las cebollas y freírlas en una sartén con aceite hasta que se doren.

• Agregar las patatas a la sartén. Dejar cocer unos 10 minutos.

• Transcurrido este tiempo verter sobre la verdura el vino blanco y dejar que se evapore. Incorporar entonces la salsa de tomate (véase pág. 155) y el pimentón. Remover bien con una cuchara de madera.

• Dejar cocer, removiendo de vez en cuando, hasta que las patatas estén en su punto.

Croquetas tradicionales

- Limpiar y desmenuzar bien el pollo.
- Trocear muy menudito el jamón del país.
- Triturar en el minipimer el pollo y el jamón.
- Sofreír en una sartén a fuego medio la cebolla picada muy fina. Cuando esté dorada agregar la harina sin dejar de remover. Cuando se dore, incorporar el jamón y el pollo triturados.
- A continuación bajar el fuego al mínimo, añadir la leche y sin dejar de remover esperar a que espese. Salpimentar, dejar un par de minutos más y reservar en una fuente hasta que se enfríe.
- Con la ayuda de dos cucharas formamos las croquetas que acabamos de moldear con las manos.
- Pasamos las croquetas por el huevo batido y el pan rallado.
- Las freímos en una sartén con abundante aceite muy caliente hasta que se doren.

1 pechuga de pollo

50 g de jamón del país

1 huevo

1 cebolla

$^1/_2$ l de leche fresca

100 g de harina

pan rallado

aceite de oliva

pimienta

sal

Croquetas de huevo

8 huevos duros

2 huevos

300 ml de leche fresca

75 g de harina

50 g de mantequilla

aceite de oliva

pan rallado

nuez moscada

sal

• Mezclar en un cazo a fuego lento la mantequilla derretida y la harina.

• Sin dejar de remover, bajar el fuego al mínimo y agregar la leche hasta formar una salsa espesa.

• Picar los huevos duros, echarlos al cazo que hemos retirado del fuego, remover, añadir dos yemas batidas, una pizca de sal y de nuez moscada, y remover hasta lograr una masa muy espesa.

• Verter la masa en una fuente y dejar que se enfríe.

• Con dos cucharas formamos las croquetas que acabamos de moldear con las manos.

• Pasamos las croquetas por el huevo y el pan rallado.

• Las freímos en una sartén con abundante aceite muy caliente hasta que se doren.

Croquetas de rape

- Limpiar bien el rape, sacarle las espinas y hervirlo.
- En una sartén, freír con la mantequilla la cebolla picada muy fina. Cuando se dore añadir el rape desmigado, la harina, una pizca de sal y la leche. Mezclar bien sin dejar de remover.
- Retirar de la sartén en cuanto el rape esté hecho y dejar enfriar en una fuente a temperatura ambiente al menos una hora y media.
- Batir los huevos y rebozar las croquetas de rape primero con el huevo y después en el pan rallado.
- Freír en abundante aceite muy caliente.

200 g de rape

1 huevo

1 cebolla

50 g de mantequilla

½ l de leche fresca

100 g de harina

pan rallado

aceite de oliva

sal

Panecillos a las finas hierbas

6 panecillos pequeños redondos

8 quesitos

2 huevos duros

cebollino

perejil

estragón

sal

- Se corta la parte superior de los panecillos y se quita la miga.
- En un plato hondo, se mezclan los quesitos ligeramente sazonados con el cebollino, el perejil y el estragón picados.
- Rellenar los panecillos con la mezcla.
- Espolvorear con el huevo duro.

Tosta de aguacate y queso

2 aguacates

2 tomates maduros

125 g de queso Gruyère

12 rebanadas de pan de molde

sal

- Tostár ligeramente el pan de molde y cortarlo a triángulos. Reservar en un lugar caliente.

- Quitar la piel al aguacate y aplastarlo añadiendo una pizca de sal. Cubrir las tostadas con una capa de aguacate.

- Lavar los tomates y cortarlos en rodajas muy finas. Ponerlas sobre el aguacate y espolvorear por encima con el queso Gruyère.

- Poner las tostadas en una fuente de horno y meter en el horno a 180 °C. Sacar cuando se haya fundido el queso.

- Servir caliente.

Rollitos tropicales

18 lonchas gruesas de jamón de York

6 quesitos

3 o 4 rodajas de piña natural

1 cucharada de azúcar

• Embadurnar cada loncha de jamón de York con el queso, repartiendo un quesito por cada tres lonchas.

• Enrollar cada loncha, recubrirla con un poco de azúcar y quemarla.

• Sobre cada rollito de jamón colocar un trozo de piña quemada previamente sujeta con un palillo.

Crostones de anchoas

- Colocar dos anchoas sobre cada rebanada de pan.
- Poner las rebanadas de pan en una fuente de horno, aliñar con el aceite y meter en el horno a 180 °C durante 5 minutos.
- En un mortero picar el ajo y el perejil y ponerlo por encima de cada rebanada junto con un poco más de aceite. Meter en el horno 5 minutos más.
- Servir de inmediato.

32 anchoas en aceite de oliva

5 dientes de ajo

5 cucharadas de aceite de oliva

16 rebanadas de pan de leña

perejil

pimienta

sal

Hojaldrillos de salchichas de Frankfurt

2 láminas de hojaldre

8 salchichas de Frankfurt

8 lonchas de queso

2 huevos

25 g de mantequilla

- Estira sobre una tabla lisa las láminas de hojaldre y divide cada una en cuatro trozos.
- Coloca sobre cada lámina una loncha de queso y una salchicha y enróllala.
- Bate los huevos y con un pincel de cocina «pinta» cada rollito, presionando los bordes para que no se salga el queso ni la salchicha.
- Pon cada uno de los hojaldrillos en una bandeja de horno untada con mantequilla e introduce la bandeja en el horno a 180 °C hasta que los hojaldres estén dorados.
- Servir calientes.

Salmorejo al estilo cordobés

- En un bol grande, remojar el pan blanco en abundante agua.
- Escurrir el pan y mezclarlo con el ajo picado, el tomate, unas gotas de vinagre y sazonar.
- Triturar la mezcla y añadir el aceite de oliva uniformemente sin dejar de batir siempre en el mismo sentido.
- Colar y servir en tazones con tacos de jamón ibérico y huevo por encima.

1 kg de tomates maduros

400 g de pan blanco

2 dientes de ajo

2 huevos cocidos

jamón ibérico

aceite de oliva

agua

vinagre

sal

Ensaladas

Ensalada verdirroja

- Cortar la parte superior del tomate de modo que posteriormente se pueda cerrar de nuevo.
- Vaciar el tomate colocándolo boca abajo para que escurra y suelte todo el agua. Salpimentar ligeramente la pulpa del tomate.
- Trocear los aguacates en dos y con un tenedor aplastarlos hasta formar una pasta regándolos con el zumo de medio limón para evitar que se ennegrezcan. Añadir la cebolla picadita.
- Introducir la mezcla en el interior del tomate.
- Servir los tomates cubiertos y acompañados del maíz y las aceitunas negras.
- Si quieres, la puedes servir con mayonesa (véase pág. 153).

6 tomates maduros grandes

2 aguacates

75 g de maíz

12 aceitunas negras deshuesadas

1 cebolla

½ limón

pimienta

aceite de oliva

sal

Ensalada fría de arroz

300 g de arroz cocido

75 g de jamón serrano

75 g de jamón de York

75 g de queso Gruyère

75 g de maíz

125 g de tomates

125 g de aceitunas verdes rellenas

6 cucharadas de salsa mayonesa

- Hervir el arroz en abundante agua salada.
- Escurrir y pasarlo por agua fría.
- Cortar menudito el jamón serrano, el jamón de York y el queso Gruyère.
- Cortar a trozos pequeños el tomate quitándole las pepitas.
- Mezclar todos los ingredientes con el arroz y aliñarlo con salsa mayonesa (véase pág. 153).
- Meter en la nevera durante una par de horas. Servir frío.

Ensalada de judías verdes

• Hervir las judías verdes en abundante agua salada. Cuando estén tiernas retirar del fuego y escurrir. Dejar enfriar durante un par de horas.

• Al tiempo, preparar los huevos duros y cuando se enfríen cortarlos a tiras.

• Cortar el jamón de York muy menudito y los champiñones a láminas.

• En un bol mezclar todos los ingredientes y salpimentar. Mezclar bien con la salsa de mayonesa (véase pág. 153) y la cucharada de nata líquida.

250 g de judías verdes

125 g de champiñones

125 g de jamón de York

2 huevos duros

5 cucharadas de salsa mayonesa

1 cucharada de café de nata líquida

pimienta

sal

Ensalada de pollo y piña

½ pollo

125 g de champiñones

3 rodajas de piña natural

1 cucharada de crema de leche

salsa mayonesa

sal

- Rustir el pollo y cortarlo a trozos no demasiado grandes.
- Trocear la piña y reservar.
- En una cazuela de barro macerar durante media hora los champiñones laminados y, transcurrido este tiempo, escurrirlos.
- Mezclar el pollo, la piña y los champiñones en una ensaladera grande, sazonar y aderezar la mezcla con salsa de mayonesa (véase pág. 153) y una cucharada de crema de leche.
- Servir a temperatura ambiente.

Ensalada de apio

• Poner el apio en una cazo con abundante agua, dejarlo en remojo y cortarlo a tiras. Reservar.

• En un cazo con abundante agua salada hervir las patatas peladas y cortarlas a rodajas.

• En una cazo cocer los huevos.

• Asar el pollo en el horno y retirar cuando esté bien dorado. Desmenuzarlo y reservar.

• En una fuente colocar una base con las patatas, poner por encima el pollo y el apio, espolvorearlo con el huevo rallado y el perejil picado. Sazonar y aliñar con el aceite y el vinagre.

2 apios

2 huevos

6 patatas

400 g de pechuga de pollo

3 cucharadas de aceite de oliva

2 cucharadas de vinagre

perejil

sal

Ensalada de pimientos rojos asados

6 pimientos rojos

2 tomates maduros

2 cebollas

aceite de oliva

albahaca

sal

• Poner los pimientos en una fuente de horno y aliñarlas con un poco de aceite.

• Introducir la fuente en el horno precalentado a 150 ºC durante una hora aproximadamente dándoles la vuelta de vez en cuando.

• Retirar las verduras del horno, dejar que se enfríen y pelarlas. Colocar en una fuente de servir.

• Triturar con el minipimer la cebolla y los tomates cortados finos. Verter por encima de los pimientos.

• Sazonar, aliñar con abundante aceite y espolvorear con albahaca.

Ensalada de jamón ibérico

- Escaldar los tomates, pelarlos, sazonarlos y reservar cortados a rodajas tan finas que casi se rompan al cortarlas.
- Poner el tomate sobre una fuente redonda.
- Cortar el jamón ibérico a lonchas muy finas y distribuirlo en la fuente sobre las rodajas de tomate.
- Verter las alcaparras.
- Aliñar con el aceite de oliva y espolvorear con orégano.

$^{1}/_{2}$ kg de jamón ibérico

5 tomates maduros

aceite de oliva

1 cucharada de alcaparras

orégano

sal

Ensalada variada de verduras

12 espárragos blancos gruesos

3 zanahorias

3 patatas

2 pepinos

100 g de guisantes

zumo de 1 limón

1 cucharada de café de mostaza

1 cucharada de aceite de oliva

perejil

sal

- Cocer por separado cada una de las legumbres en abundante agua con sal.
- Cortar las legumbres que hemos hervido en rodajas pequeñas y ponerlas en una fuente.
- Adornar la fuente con los espárragos.
- En un bol mezclar el zumo de limón, la mostaza, el aceite y una pizca de sal, y aliñar la ensalada.
- Espolvorear con el perejil picado.

Ensalada de bonito

1 lechuga grande

2 tomates maduros

1 huevo duro

1 lata de maíz

1 lata de atún en aceite de oliva

1 lata de anchoas

24 aceitunas negras

3 cucharadas de zumo de limón

4 cucharadas de aceite de oliva

perejil picado

sal

- Lavar bien la lechuga y cortarla a pedazos pequeños.
- Lavar bien los tomates y cortarlos a rodajas finas.
- Poner la lechuga y los tomates maduros en una fuente y verter el maíz.
- Abrir el atún, desmenuzarlo y repartirlo por la fuente.
- Rallar el huevo duro y espolvorear por encima del atún.
- Abrir la lata de anchoas y colocarlas equitativamente por la fuente.
- En un mortero picar el perejil y mezclarlo con una pizca de sal, el limón y el aceite. Aliñar la ensalada con la vinagreta.

Ensalada tibia de jamón serrano

250 g de habas blancas

1 manojo de espárragos trigueros

2 manojos de berros

4 huevos duros

250 g de jamón serrano

4 cucharadas de aceite de oliva

2 cucharadas de vinagre de Jerez

pimienta negra

sal

- Cocer las habas en abundante agua hirviendo. Cuando se ablanden, reservar.
- Lavar los berros, escurrir y cortarlos de modo que sus hojas se coloquen uniformemente en una fuente de servir.
- Cocer los espárragos y una vez escurridos colocar sobre los berros.
- Colocar el jamón cortado en lonchas muy finas sobre la fuente.
- Distribuir las habas sobre la fuente.
- Preparar una salsa batiendo el aceite, el vinagre, la sal y la pimienta con la que se aliñará la ensalada cuando esté bien mezclada.

Ensalada fresca

- Trocear el requesón y mezclarlo con la mayonesa (véase pág. 153) en una ensaladera honda.
- Añadir los pimientos picados, las pasas y las nueces.
- Sazonar y remover bien.
- Se puede servir con galletas saladas.

300 g de requesón fresco

1 pimiento verde

1 pimiento rojo

50 g de nueces picadas

50 g de pasas

4 cucharadas de mayonesa

sal

Ensalada mixta de rábanos

1/2 lechuga redonda

4 manojos de rábanos

2 tomates para ensalada

100 g de col lombarda

1 pimiento rojo grande

100 g de aceitunas verdes deshuesadas

2 huevos duros

zumo de limón

aceite de oliva

sal

- Picar la lechuga, los rábanos y la col.
- Colocar todo en una ensaladera y añadir los tomates a rodajas, el pimiento rojo a tiras y el huevo duro a gajos.
- Aderezar al gusto con zumo de limón, aceite y sal.

Ensalada de endivias

- Lavar las endivias, quitarles las hojas exteriores y cortarlas a rodajas.
- Pelar las peras y cortarlas a dados.
- Picar las nueces, mezclarlas con el queso y añadirlas a lo demás.
- Mezclar bien y aliñar al gusto con el limón, el aceite y la sal.

4 endivias

2 peras

50 g de nueces

200 g de queso fresco

zumo de limón

aceite de oliva

sal

Caldos, sopas y similares

Sopa «buen gozar»

- Pelar los tomates, las cebollas y las patatas.
- Calentar el caldo y cuando rompa a hervir agregar la verdura, el ajo entero pelado y las hierbas. Sazonar.
- Cocer a fuego lento durante 40 minutos. Retirar las hierbas.
- Pasar la verdura por el pasapurés.
- Servir caliente.

1 kg de tomates maduros

5 cebollas

3 patatas

1 diente de ajo

1 $^{1}/_{2}$ l de caldo de verduras

1 ramillete de tomillo

1 hoja de laurel

pimienta

sal

Sopa de avellanas

1 l de caldo de pollo

75 g de avellanas

3 puerros

2 patatas

1 cebolla

200 ml de nata líquida

pimienta

sal

- Pelar las avellanas, tostarlas y picarlas. Reservar.
- Rehogar durante 20 minutos en un cazo la cebolla y los puerros picados.
- Añadir la patata pelada y cortada muy fina y el caldo de pollo. Cocer a fuego lento durante 20 minutos.
- Verter la nata líquida poco a poco sin dejar de remover y agregar entonces las avellanas. Cocer durante unos 10 minutos.
- Retirar del fuego y triturar todo con el minipimer. Colar en el pasapurés. Salpimentar al gusto.

Puré de verduras

- Pelar las verduras y cortarlas muy finas.
- Rehogar las verduras por separado en una sartén con aceite muy caliente.
- Poner las verduras en un cazo grande junto al pollo y cubrirlo todo de agua. Salpimentar ligeramente.
- Cocer durante 45 minutos; retirar, separar el pollo para desmenuzar y pasar el resto por el pasapurés.
- Servir caliente en tazones individuales.

300 g de patatas

300 g de zanahorias

300 g de calabacines

300 g de puerros

2 cebollas

3 tomates maduros

1 pechuga de pollo grande

agua

aceite de semilla

pimienta

sal

Sopa típica de las Alpujarras

350 g de ternera
2 tomates
½ kg de tomates
200 g de pimientos verdes
1 cebolla
4 rebanadas de pan frito
50 g de manteca de cerdo
80 g de fideos gordos
1 ramillete de comino
1 ramillete de mejorana
agua
pimienta
sal

- Hervir los fideos en abundante agua salada y reservar escurridos.
- Lavar y limpiar los pimientos quitándoles las semillas. Cortar los tomates (maduros) a dados muy pequeños; pelar las patatas y trocearlas. Reservar todo.
- Rehogar la cebolla picada en una cacerola muy grande con la manteca de cerdo. Agregar la ternera picadita y cocer 3 minutos a fuego medio. Echar los pimientos y el pimentón sin dejar de remover. Cocer 1 minuto.
- Añadir los tomates y cocer durante 5 minutos más. Cuando falte 1 minuto echar el comino y la mejorana picada muy menudita y remover. Salpimentar.
- Llenar la cacerola de agua templada, remover de vez en cuando, y en cuanto empiece a hervir espumar. Dejar cocer unos 20 minutos.
- A media cocción echar las patatas, y un par de minutos antes de retirar del fuego echar los fideos removiendo hasta el final. Rectificar de sal.

Sopa de menudillos de pollo

- Cortar los menudillos en trozos pequeños y freírlos en una olla grande junto al tocino. Cuando estén dorados echar el ajo cortado a láminas muy finas y el tomate pelado y picado. Llenar la olla de agua.

- Hervir los menudillos hasta que estén cocidos, agregar el pan rallado y sazonar al gusto.

- Servir muy caliente espolvoreado con el huevo duro rallado.

400 g de menudillos de pollo

3 tomates maduros

3 dientes de ajo

75 g de tocino

2 huevos duros

pan rallado

2 cucharadas de aceite de oliva

agua

sal

Sopa de mejillones

$^1/_2$ kg de mejillones
1 cebolla
3 tomates maduros
$^1/_2$ copa de vino blanco
2 dientes de ajo
5 cucharadas de aceite de oliva
perejil
3 rebanadas de pan muy finas
$^1/_2$ limón
pimienta
sal

• Cocer los mejillones al vapor con un poco de limón hasta que estén completamente abiertos y reservar.

• En una cazuela aparte sofreír la cebolla cortada muy fina en el aceite. Cuando adquiera un color transparente añadir los tomates rallados. Una vez sofrito el tomate, se añade una taza del agua que han soltado los mejillones, y agua en cantidad suficiente para la sopa.

• En el horno, tostar las rebanadas de pan y rallarlas. Verter el pan y los mejillones en la cazuela cuando el caldo comience a hervir. Dejar cocer un par de minutos y regar con el vino, pasar por el pasapurés hasta conseguir una sopa suave y clara.

• Picar en el mortero los ajos y el perejil y verterlos en la cazuela. Salpimentar.

* Puedes mejorar el sabor añadiendo una cucharada de coñac.

Crema de puerros

- Lavar y cortar los puerros a láminas.
- Cortar la cebolla a aros.
- Pelar las patatas y cortarlas a láminas. Reservar.
- En un cazo a fuego lento rehogar los puerros y la cebolla en mantequilla, agregar las patatas y remover.
- Incorporar el agua y cocer durante 30 minutos.
- Batir con el minipimer e incorporar poco a poco la nata. Cuando espese salpimentar.
- Enfriar en el frigorífico.
- Servir en tazas individuales.

1 l de agua

600 g de puerros

300 g de patatas

$^{1}/_{4}$ l de nata líquida

1 cebolla

50 g de mantequilla

pimienta

sal

Crema de tomate

8 tomates maduros

2 cebollas

1 zanahoria

1 puerro

1 yema de huevo

2 l de caldo de verdura

2 cucharadas de crema de leche

sal

• Limpiar y pelar las hortalizas y rehogarlas en una olla grande a fuego muy lento. A media cocción y antes de que se doren, agregar los tomates pelados cortados a trozos pequeños y sin pepitas.

• Verter el caldo en la olla, sazonar y cocer a fuego lento hasta que los tomates estén bien cocidos.

• Pasarlo todo por el tamiz, hervir 5 minutos más y ligar con la yema del huevo. Retirar del fuego.

• Verter la crema de leche, mezclar bien, dejar reposar a temperatura ambiente y cuando la crema esté templada introducir en el frigorífico un par de horas.

• Servir frío.

Sopa de legumbres

• En una sartén grande sofreír a fuego lento con un poco de aceite las cebollas picadas muy finas. Cuando se doren agregar los tomates maduros triturados. Retirar del fuego cuando se forme una salsa de tomate.

• Verter la salsa a una olla grande a fuego lento, incorporar las legumbres y el caldo. Cocer durante 30 minutos. Condimentar al gusto.

• Transcurrido este tiempo colar el caldo pasando las legumbres por el pasapurés.

1 l de caldo de pollo

$^1/_2$ kg de tomate maduros

2 cebollas

100 g de judías blancas cocidas

100 g de garbanzos cocidos

100 g de lentejas cocidas

aceite de oliva

pimienta

sal

Sopa paisana de zanahorias

1 l de caldo de pollo

$^1/_2$ kg de zanahorias

1 cebolla

1 huevo

150 g de queso rallado

aceite de oliva

pimienta

sal

- Pelar las zanahorias y cortarlas a dados pequeños.
- Pelar la cebolla y cortarla muy menudita.
- En una cazuela de barro a fuego lento con un poco de aceite rehogar las zanahorias y la cebolla.
- Verter el caldo y dejar cocer durante 25 minutos.
- Transcurrido este tiempo batir con el minipimer hasta formar una crema muy espesa.
- Batir el huevo mezclado con el queso rallado e incorporarlo a la crema. Salpimentar.

Ajoblanco

• En un cazo con agua hirviendo escaldar las almendras para quitarles la piel.

• Macerar durante 24 horas todos los ingredientes en una fuente honda.

• Transcurrido este tiempo triturar los ingredientes y pasarlos por una colador chino. Salpimentar.

• Servir acompañado de uvas peladas y sin pepitas.

225 g de almendras

2 rebanadas de pan

2 dientes de ajo

una cucharada de aceite de oliva

pimienta

sal

Potajes y verduras

Verduras gratinadas

- Lavar las verduras, pelarlas y cortarlas a trocitos pequeños. ¡Ojo!, el pimiento se corta a tiras.

- Hervir las zanahorias, las patatas, la coliflor y el calabacín en cazos separados en abundante agua salada. Escurrir y reservar.

- Untar la base de una fuente de horno con la mantequilla y colocar las verduras bien repartidas alternando una capa de bechamel con otra de verdura. La última capa debe ser de bechamel (véase pág. 154).

- Espolvorear por encima el queso rallado.

- Meter la fuente en el horno y gratinar hasta que se dore el queso.

- Servir caliente.

250 g de zanahorias

250 g de patatas

250 g de coliflor

1 pimiento rojo

1 calabacín

50 g de mantequilla

$^1/_2$ l de salsa de bechamel

75 g de queso Emmental rallado

sal

Habas con jamón a la granadina

600 g de habas

125 g de jamón del país

1 cebolla

4 cucharadas de aceite de oliva

200 ml de caldo de verduras

1 cucharada de harina

- Picar la cebolla y dorarla en una sartén grande a fuego medio.
- Echar el jamón cortado a dados y dejar que se dore ligeramente por ambos lados.
- Cuando tome color, se incorporan las habas y la harina y se baja el fuego para que la harina no se tueste demasiado.
- Agregar entonces el caldo y dejar cocer a fuego lento. Sazonar.
- Retirar del fuego cuando las habas estén tiernas.

Pastel de espárragos

- Triturar en el minipimer por este orden los espárragos cortados a trozos muy pequeños, los huevos, el queso y la crema de leche hasta formar una crema muy fina.
- Engrasar el fondo de una fuente de horno alargada, colocando como pared papel de cocina. Verter la mezcla en la fuente de modo que quede uniforme.
- Meter la fuente en el horno y dejar cocer al baño María a 180 °C durante 45 minutos aproximadamente.
- Retirar del horno y dejar reposar a temperatura ambiente media hora. Meter en la nevera un par de horas.
- Servir frío recubierto de una capa de mayonesa (véase pág. 153).

$^{1}/_{2}$ kg de espárragos blancos gruesos

8 huevos

50 g de mantequilla

150 g de queso Gruyère rallado

200 ml de crema de leche

salsa mayonesa

pimienta

sal

Guisado de guisantes

1 kg de guisantes

150 g de jamón de York

½ lechuga

1 cabeza de ajos

3 tiras de tocino

1 hoja de laurel

60 g de mantequilla

1 copa de vino blanco dulce

½ vaso de agua

1 cucharada de azúcar

• En una sartén rehogar la cebolla picada con 30 g de mantequilla. Cuando se ponga transparente añadir el tocino cortado muy menudito. Dejar cocer un par de minutos.

• Agregar los guisantes y la lechuga cortada muy fina. Remover bien y echar el vino y el agua, una cabeza de ajos, la mitad del jamón de York, el azúcar, el resto de mantequilla y el laurel. Dejar cocer a fuego lento aproximadamente durante 1 hora removiendo de vez en cuando.

• Servir en una fuente acompañado con las lonchas restantes de jamón de York.

Tomates escaldados con carne magra

- En una cazuela de barro a fuego medio con un poco de aceite freír el tocino cortado a dados y la carne magra. Salpimentar.
- Cuando la carne esté bien dorada echar la cebolla cortada a aros. Dejar cocer. A los 5 minutos añadir la harina y la leche sin dejar de remover. Bajar el fuego.
- Cuando todo esté bien cocido retirar triturar con el minipimer.
- Escaldar los tomates y pelarlos. Se vacían y se rellenan con el puré que hemos triturado.
- Rebozar con el pan rallado, regar con aceite y ponerlos en una fuente de horno.
- Meter la fuente en el horno y gratinar a fuego fuerte.
- Servir caliente.

24 tomates maduros

1 kg de carne magra

75 g de tocino

2 cebollas

1 vaso de leche fresca

2 cucharadas de pan rallado

1 cucharada de harina

4 cucharadas de aceite de oliva

pimienta

sal

Escalivada

12 berenjenas

12 pimientos rojos

8 tomates

5 cebollas

5 cucharadas de aceite de oliva

sal

- Poner las berenjenas, los pimientos, los tomates y las cebollas en una fuente de horno y aliñarlas con un poco de aceite.
- Introducir la fuente en el horno precalentado a 150 ºC durante 1 hora aproximadamente dándoles la vuelta de vez en cuando.
- Retirar las verduras del horno, dejar que se enfríen y pelarlas.
- Repartir las verduras en una fuente de servir aliñándolo todo con un poco de ajo picado muy fino y aceite.

Patatas sencillas

1 kg de patatas

200 g de mantequilla

2 cucharadas de harina

4 cucharadas de aceite de oliva

3 yemas de huevo

sal

- Hervir las patatas en abundante agua salada. Escurrir.
- Triturarlas con el tamiz, añadir la mantequilla y posteriormente las yemas. Sazonar.
- Remover bien y moldear pequeñas pelotillas sobre una base consistente enharinada.
- Freír en una sartén cuando el aceite esté muy caliente. Retirar cuando se hayan quedado muy doraditas.

Pepinos a la crema

6 pepinos

2 cebollas

4 cucharadas de crema de leche

2 cucharadas de café de mostaza

sal

• Lavar, pelar y cortar los pepinos a rodajas finas quitando todas las pepitas. Sazonar con abundante sal. Meter en un cuenco grande de agua durante unos 10 minutos.

• Con las manos, prensar con fuerza los pepinos hasta que estén bien escurridos.

• En un cuenco mezclar bien la crema de leche, la mostaza y la cebolla picada muy fina.

• Mezclar los pepinos con la salsa e introducir en la nevera durante una hora.

• Servir frío.

Patatas guisadas

- En una sartén, freír la cebolla picada fina junto a los ajos cortados a láminas. Cuando se doren añadir los tomates cortados a trozos pequeños y sin pepitas.
- Entretanto pelar las patatas y trocearlas a pedazos gruesos.
- Cortar la panceta y colocarla junto a las patatas en una cazuela de barro.
- Agregar el sofrito a la cazuela de barro y echar el vaso de vino, el pimentón y una pizca de sal.
- Cubrir de agua y dejar cocer unos 40 minutos hasta que las patatas estén bien cocidas. Si hubiese mucho caldo avivar el fuego.

1 1/2 kg de patatas

2 tomates maduros

2 cebollas

2 dientes de ajo

150 g de panceta

agua

1/2 vaso de aceite de oliva

1 vaso de vino blanco

pimentón

sal

Setas en caldereta

1 kg de setas

2 pimientos rojos

2 cucharas de café de pimentón

1 cabeza de ajos

3 hojas de laurel

50 g de almendras

aceite de oliva

sal

- Rehogar las setas hasta que estén tiernas junto con el pimiento picado.
- Añadir las almendras machacadas, los dientes de ajo tostados y el pimentón.
- Salar y dejar cocer 5 minutos más.
- Se puede servir con rebanadas de pan frito.

Lentejas con tocino

- Limpiar y cortar muy menuditos los puerros, las zanahorias y el apio.
- Lavar las lentejas que hemos tenido en remojo desde la noche anterior y meterlas en una olla a fuego lento durante 1 $^{1}/_{2}$ hora con agua fría y un poco de sal. Echar también la verdura. Cuando comience a hervir, espumar.
- Entretanto freír en una sartén la cebolla picada muy fina y cuando esté dorada echar el tocino. Cuando esté bien sofrito lo vertemos en la olla junto al aceite.
- Unos 15 minutos antes de retirar la olla del fuego, agregar el chorizo cortado a rodajas finas y corregir de sal.

$^{1}/_{2}$ kg de lentejas

125 g de chorizo

150 g de tocino

3 puerros

2 zanahorias

3 tallos de apio

1 cebolla

agua

6 cucharadas de aceite de oliva

sal

Garbanzos pardos

500 g de garbanzos cocidos

3 tomates maduros

2 cebollas

2 dientes de ajo

1 cucharada de café de azúcar

aceite de oliva

orégano

sal

- Sofreír las cebollas y los ajos cortados muy menuditos en una cazuela de barro a fuego lento, cuando doren agregar los tomates pelados y cortados a trozos. Sofreír durante 5 minutos.
- Echar el azúcar y cocer 5 minutos más.
- Añadir los garbanzos y dejar cocer otros 5 minutos. Salpimentar.
- Servir espolvoreados de orégano.

Calabacines al horno

- Lavar, pelar y cortar los calabacines a rodajas gruesas.

- En una cazuela de barro a fuego lento sofreír en mantequilla los calabacines durante 10 minutos.

- Colocar los calabacines en una fuente de horno.

- En un bol poner la nata, el queso y los huevos, mezclar bien y verter por encima de las rodajas de calabacín.

- Meter la fuente en el horno hasta que la crema se gratine.

4 calabacines

3 huevos

150 g de queso rallado

$^1/_4$ l de nata líquida

75 g de mantequilla

Fabada

600 g de alubias asturianas

250 g de lacón asturiano

2 chorizos asturianos

2 morcillas asturianas

1 cebolla

agua

aceite de oliva

una pizca de azafrán molido

sal

- Las alubias y el lacón se habrán remojado el día anterior en dos recipientes diferentes.
- En una olla grande se ponen las alubias y se cubren con doble cantidad de agua fría. A continuación se agrega el lacón, los chorizos, las morcillas, la cebolla cortada en aros y una cucharada de café de aceite.
- Hervir a fuego lento, espumando.
- Tostar el azafrán e incorporarlo a la olla a media cocción. Sazonar.
- Cuando las alubias estén tiernas, retirar del fuego, separar los chorizos y las morcillas y cortarlas a rodajas.
- Servir caliente.

Pisto castellano

2 calabacines

2 tomates maduros

2 pimientos rojos

2 cebollas

200 g de jamón del país

aceite de oliva

sal

- Colocar los pimientos en una fuente de horno, sazonar y regar con aceite.
- Meter la fuente en el horno a 180 °C y asar los pimientos. Cuando estén al punto se cubren con un paño de cocina para que suden. Se pelan, trocean y se quitan las pepitas.
- Cortar el jamón a dados muy pequeños. Reservar.
- Pelar las cebollas y cortarlas a aros.
- Pelar los tomates y los calabacines, quitarles las pepitas y trocearlos.
- En una cazuela de barro a fuego lento rehogar las cebollas, cuando doren incorporar el pimiento y a los 2 minutos los calabacines y los tomates. Sazonar.
- Remover constantemente y dejar que las verduras se terminen de hacer.
- En una sartén a fuego lento saltear el jamón hasta que se dore. Incorporar a la cazuela de barro. Dejar cocer 2 minutos.
- Servir el pisto caliente.

Menestra de verduras

$^{1}/_{2}$ kg de acelgas
200 g de alubias blancas cocidas
125 g de jamón
6 alcachofas
2 zanahorias
2 puerros
2 patatas
2 huevos duros
1 cebolla
1 ajo
1 limón
2 cucharadas de harina
aceite de oliva
pimienta
sal

- Limpiar las alcachofas, regarlas con zumo de limón y cocerlas a fuego lento en una olla llena de agua salada. Cuando estén tiernas, retirar del fuego y reservar.
- Limpiar y trocear las zanahorias, los puerros y las patatas.
- Limpiar las acelgas.
- Cocer los huevos y reservar.
- Cocer las verduras cada una por separado y retirar cuando estén tiernas.
- En una cazuela de barro sofreír la cebolla y el ajo picaditos, y cuando se doren incorporar el jamón (del país) cortado a tiras finas. Dorar el jamón. Sazonar.
- Incorporar la harina y rehogar hasta que se tueste. Añadir un vaso de agua y cuando hierva echar las verduras que se dejan cocer durante unos 5 minutos.
- Servir espolvoreado por encima con los huevos duros rallados.

Menestra barata

- Lavamos y pelamos las patatas y las reservamos.
- Lavamos las coles de Bruselas y las reservamos.
- En una olla grande con abundante agua salada cocemos las judías hasta que estén tiernas.
- Cortar el jamón a tiras e incorporarlo a la olla junto con la cebolla. Dejamos cocer durante 30 minutos.
- A continuación echamos las patatas enteras y las coles y las dejamos cocer hasta que estén tiernas.
- Servir caliente.

150 g de jamón del país

250 g de judías blancas cocidas

300 g de patatas

200 g de coles de Bruselas

1 cebolla

agua

sal

Patatas caldosas

1 ½ kg de patatas

2 ½ l de caldo de pollo

3 huevos

2 cebollas

3 dientes de ajo

½ kg de harina

una pizca de azafrán tostado

aceite de oliva

sal

- Pelar y cortar las patatas a láminas, sazonarlas, y rebozarlas primero con harina y después con los huevos batidos.
- En una sartén freír las patatas dejándolas un poco crudas. Reservar.
- Pelar y cortar a aros la cebolla y picar el ajo.
- Rehogar la cebolla y el ajo en una cazuela de barro a fuego lento y cuando se doren añadir 3 cucharadas de harina dejando que se tueste.
- Agregar el caldo y llevar a hervor. Echar entonces las patatas y el azafrán; dejar que las patatas se cuezan por completo.
- Servirlas calientes con abundante salsa.

Garbanzos sencillos

- Poner los garbanzos en remojo en agua salada la noche anterior y cocerlos en abundante agua fría.

- En una cazuela de barro rehogar las cebollas cortadas a aros. Cuando tome color añadir los garbanzos y el jamón cortado a dados.

- Freírlo todo sin dejar de remover durante 5 minutos.

- Servir espolvoreado por encima con perejil.

½ kg de garbanzos

3 cebollas

150 g de jamón del país

aceite de oliva

perejil

sal

Pastas

Macarrones gratinados

500 g de macarrones

75 g de tocino magro

150 g de bacon

150 g de champiñones

1 diente de ajo

150 g de queso rallado

50 g de pan rallado

aceite de oliva

pimienta

sal

• Poner la pasta a cocer en abundante agua hirviendo, ligeramente salada, removiendo durante la cocción. Retirar cuando los macarrones estén listos.

• En una cazuela de barro con el aceite al fuego doramos el diente de ajo cortado muy fino, añadimos los champiñones y sazonamos. Cortamos a tiras el bacon y el tocino magro y los freímos en una sartén. Lo mezclamos bien con los champiñones y los macarrones.

• En una fuente de horno se coloca una capa de pan y queso rallado mezclados, se extienden por encima los macarrones que espolvoreamos con el queso rallado.

• Meter la fuente en el horno precalentado a 180 ºC hasta que los macarrones se gratinen.

Fideos a la catalana

400 g de fideos gruesos

150 g de salchichas frescas

100 g de tocino

$1/2$ kg de tomates rojos

1 diente de ajo

1 cebolla

3 hebras de azafrán

1 $1/2$ l de caldo de carne

$1/2$ cucharada de café de pimentón

25 g de piñones

10 avellanas

aceite de oliva

sal

De los años en los que hice teatro junto a Rafaela Aparicio por varios escenarios del Paralelo de Barcelona retengo en la memoria esta receta tan típica de Cataluña.

• Poner al fuego una cazuela de barro con aceite y rehogar el tocino hasta que tome un color dorado. Agregarle la cebolla muy menudita y freír también hasta que adquiera color.

• Añadir el ajo picado, el pimentón y el tomate al que previamente le habremos retirado las pepitas y lo habremos escaldado. Sofreír y añadir el caldo. Cuando comience a hervir agregamos las salchichas troceadas. Dejar que hierva todo durante 5 minutos y transcurrido este ratito, añadir los fideos. Probar de sal.

• Entretanto machacar con un mortero las avellanas y los piñones y posteriormente el perejil. Agregar a la cazuela de barro. Dejar cocer durante 20 minutos y a la mitad de la cocción agregar el azafrán.

Tallarines al limón

- Cocer la pasta en abundante agua salada, removiendo de vez en cuando durante la cocción. Cuando esté al dente escurrirla y añadirle un chorrito de aceite de oliva. Reservar vertida en una fuente de servir.

- Pelar el limón, cortando la piel a tiras muy finas que se escaldarán durante 5 minutos. El zumo del limón se exprimirá y se reservará.

- En una sartén se sofríe la corteza del limón con la mantequilla a fuego lento. Cuando esté ligeramente tostada se le agrega la nata líquida, salpimentando al gusto, sin dejar de remover. Cuando comience a hervir se retira del fuego, se incorpora el zumo del limón, se remueve bien y se espolvorea la salsa con albahaca fresca.

- Verter la salsa sobre los tallarines.

500 g de tallarines

1/4 l de nata líquida

1 limón

40 g de mantequilla

albahaca fresca

aceite de oliva

pimienta

sal

Espaguetis con salmón

500 g de espaguetis

150 g de salmón ahumado

100 ml de nata líquida

30 g de mantequilla

1 cucharada de aceite de oliva

pimienta

sal

• Se hierven los espaguetis en abundante agua salada y una cucharada de aceite de oliva. Se remueve de tanto en tanto durante la cocción y se escurren en cuanto los espaguetis estén en su punto. Se les añade la mantequilla.

• En un bol grande con la nata líquida, se agregan la pasta, el salmón cortado a trozos no demasiado pequeños y la pimienta. Mezclar bien.

• Servir caliente.

Macarrones con queso de cabra gratinados

400 g de macarrones

200 g de queso fresco de cabra

100 g de aceitunas negras deshuesadas

100 g de mantequilla

1 hoja de laurel

aceite de oliva

pimienta

sal

• Hervir la pasta con la hoja de laurel regándola con un chorrito de aceite de oliva una vez escurrida.

• Verter en una fuente de horno y mezclar con el queso de cabra cortado a dados pequeños.

• En una sartén aparte, freír los macarrones y el queso con la mantequilla, espolvoreando con un poco de pimienta negra. Retirar y mezclar con las aceitunas negras.

• Verter en la fuente de horno y gratinar a 180 ºC hasta que se dore por encima.

* No mezclar ni cortar el queso de cabra recién sacado de la nevera.

Tallarines a la crema de Roquefort

500 g de tallarines

150 g de queso Roquefort

200 ml de nata líquida

1 limón

30 g de mantequilla

pimienta

sal

- Hervir la pasta en abundante agua salada. Escurrir y reservarla caliente.
- En una sartén derretir la mantequilla y añadir el queso Roquefort.
- Montar la nata líquida, incorporarla a la sartén, añadir unas gotas de limón y salpimentar al gusto.
- Agregar la salsa a los tallarines, mezclar bien y servir inmediatamente para que estén calientes.

Lacitos de granja

- Hervir la pasta al dente con abundante agua salada. Escurrirla y reservarla añadiéndole la mantequilla.

- Poner la leche en un cazo grande a fuego lento junto a la mitad del queso, remover y antes de que rompa a hervir añadir los lacitos. Remover bien.

- Poner en una fuente de horno, espolvorear por encima con el resto del queso y con varias nueces de mantequilla. Gratinar al horno hasta que se dore el queso.

- Servir caliente.

500 g de lacitos

$^1/_4$ l de leche

200 g de queso rallado

20 g de mantequilla

sal

Espaguetis carbonara

500 g de espaguetis

200 g de bacon

4 huevos

75 g de queso rallado

aceite de oliva

pimienta

sal

- Cocer la pasta en abundante agua salada. Escurrir.

- Mientras calentar un poco de aceite en una sartén y rehogar el bacon cortado a trocitos. Cocerlo a fuego lento hasta que esté crujiente. Dejar enfriar un poco.

- Separar las yemas de los huevos y ponerlas en un bol grande. Sazonar y añadir el bacon y el aceite en que se ha frito.

- Incorporar la pasta no muy caliente para que el huevo no se cuaje.

- Añadir el queso rallado y remover bien. Rectificar de sal y pimienta.

- Servir en el acto.

* Hay quien prepara los espaguetis carbonara añadiendo a esta receta champiñones a la plancha y nata líquida.

Arroces

Arroz norteño

- 500 g de arroz
- 150 g de bacalao
- 1 cebolla
- 3 dientes de ajo
- 2 pimientos rojos
- 100 ml de aceite de oliva
- perejil
- pimienta
- sal

• Poner el bacalao a desalar desde la noche anterior cambiando el agua un par o tres de veces.

• Una vez desalado, desmigar el bacalao y reservar.

• En una cazuela de barro a fuego lento rehogar la cebolla cortada muy fina y cuando se dore, agregar los pimientos cortados a tiras muy finas.

• A los 2 minutos añadir el bacalao, remover con una cuchara de madera y verter todo el arroz. Dejar cocer durante 5 minutos a fuego fuerte.

• Entretanto, machacar los dientes de ajo junto al perejil y el aceite. Verter la salsa sobre la cazuela de barro y dejar cocer otros 10 minutos a fuego lento.

Arroz a banda

500 g de arroz
1/4 kg de pescado de roca
1/4 kg de gambas frescas
1/2 kg de mejillones
1/4 kg de calamares
1 cabeza de merluza
1/2 kg de tomates
1 cebolla
2 dientes de ajo
aceite de oliva
agua
azafrán
pimentón blanco
sal

• En una cazuela de barro sofreír la cebolla picada, un diente de ajo, un tomate triturado y el laurel. Sazonar y echar una pizca de pimentón.

• Verter el sofrito en una olla, echar el pescado y cubrir de agua. Dejar cocer a fuego medio durante 1 1/2 hora espumando cuando rompa a hervir. Reservar.

• En la paella con un poco de aceite muy caliente sofreímos 100 g de arroz con el calamar cortado a trocitos. Cuando ablande poner el resto del tomate y un diente de ajo a láminas muy finas.

• Cuando coja color echamos el resto del arroz. Lo cubrimos con el caldo de pescado. Sazonar y echar una brizna de azafrán.

• Cocer a fuego fuerte durante 3 minutos y a fuego medio durante 17; a media cocción poner en la paella los mejillones y las gambas.

• Para darle más sabor al arroz servir acompañado de limón.

Arroz de la huerta

- Sofreír en una cazuela de barro a fuego medio la cebolla picada y el ajo. Cuando dore agregamos las judías y las alcachofas troceadas, los tomates pelados cortados finos, las zanahorias ralladas y los guisantcs.

- Sofreír las verduras 5 minutos y echar el arroz. A los 2 minutos echamos el agua y una brizna de azafrán. Dejar cocer durante 20 minutos, los 10 primeros a fuego fuerte y los 5 últimos a fuego mínimo.

500 g de arroz

125 g de judías verdes

125 g de guisantes

125 g de alcachofas

2 zanahorias

2 tomates maduros

1 cebolla

2 dientes de ajo

3 cucharadas de aceite de oliva

agua

azafrán

sal

Arroz con acelgas

500 g de arroz

¼ kg de judías blancas

1 manojo grande de acelgas

2 tomates maduros

2 dientes de ajo

4 cucharadas de aceite de oliva

agua

azafrán

sal

- Lavar bien las acelgas y hervirlas en una olla grande con abundante agua salada.
- Cocer las judías blancas que se han tenido en remojo unas tres horas antes.
- En una sartén con un poco de aceite se sofríen el ajo picado y los tomates pelados y sin pepitas. Cuando doren se agregan las judías y las acelgas. Sazonar.
- En una cazuela de barro se vierte el sofrito y se cubre de agua. Cuando rompa a hervir se agrega el arroz. Cocer durante 20 minutos, los 10 primeros a fuego fuerte y los 5 últimos a fuego mínimo.
- Servir dejándolo reposar 5 minutos.

Arroz de pollo

- Limpiar y cortar el pollo.
- En una cazuela de barro se sofríen la cebolla picada y los dientes de ajo cortados muy finos. Cuando doren se echa el pimiento rojo cortado muy fino. A continuación se echa el tomate pelado y sin pepitas cortado muy fino y el pollo hasta que dore. Sazonar.
- Echar el arroz a la cazuela y sofreír.
- Se cubre la cazuela con el caldo de pollo. Rectificar de sal y echar una brizna de azafrán.
- Dejar cocer durante 20 minutos, los 10 primeros a fuego fuerte y los 5 últimos a fuego mínimo.
- Servir habiéndolo dejado reposar 5 minutos.

500 g de arroz

1 pollo entero

1 pimiento rojo

2 tomates maduros

1 cebolla

3 dientes de ajo

4 cucharadas de aceite de oliva

caldo de pollo

azafrán

sal

Arroz con langosta

500 g de arroz
2 langostas
6 langostinos
6 gambas
250 g de sepia
2 tomates maduros
1 hoja de laurel
caldo de pescado
aceite de oliva
sal

- En una cazuela con abundante agua salada cocer las langostas hasta que se encuentren en su punto.

- En una cazuela de barro se rehogan en aceite los tomates pelados y sin pepitas, las langostas peladas y troceadas, la sepia cortada muy menudita y la hoja de laurel. Sazonar.

- Cuando se dore cubrir la cazuela con el caldo de pescado.

- Cuando rompa a hervir echar el arroz. Corregir de sal.

- Dejar cocer durante 20 minutos, los 10 primeros a fuego fuerte y en los últimos 5 se baja el fuego al mínimo y se echan las gambas y los langostinos.

Paella mixta

- En una paellera grande se sofríen el pollo y el conejo cortado a trozos pequeños hasta que estén dorados.

- Se echan los tomates pelados y sin pepitas triturados y las judías. Cuando dore se cubre de agua.

- Cuando el agua rompa a hervir se echa el arroz. Sazonar y echar una brizna de azafrán.

- Dejar cocer durante 20 minutos, los 10 primeros a fuego fuerte y los últimos 5 a fuego mínimo. A los 10 minutos echar las gambas, los langostinos y los mejillones.

- Antes de servir dejar reposar durante 5 minutos.

500 g de arroz

400 g pollo

400 g conejo

6 gambas

6 langostinos

12 mejillones

$^{1}/_{4}$ kg de judías verdes

3 tomates maduros

agua

aceite de oliva

azafrán

sal

Arroz caldoso

500 g de arroz
1/4 kg de costillas de cordero
1/4 kg de pollo
3 patatas
150 g de judías verdes
1 cebolla
2 tomates maduros
1 pimiento rojo
agua
aceite de oliva
azafrán
sal

• Limpiar y trocear las costillas y el pollo.

• En una cazuela de barro sofreír la cebolla picada. Cuando se dore echar los tomates pelados y sin pepitas y las judías verdes. Cuando ablanden agregar la carne.

• Cuando la carne tome color echamos las patatas peladas y cortadas a láminas finas y cubrimos la cazuela de agua.

• En cuanto rompa a hervir echamos el arroz. Sazonamos y ponemos una brinza de azafrán.

• Dejar cocer durante 10 minutos, los 5 primeros a fuego fuerte y los 5 últimos al mínimo. Si el arroz consume el agua echamos un poco más.

• Servir un poco caldoso.

Arroz sencillo

- Rehogar el magro en una sartén con un poco de aceite a fuego medio. Reservar.
- En una cazuela de barro se sofríe la cebolla picada y el ajo cortado a láminas muy finas. Cuando doren se agregan los tomates pelados y sin pepitas y los pimientos rojos cortados a trozos pequeños. Sazonar.
- Cuando tome color se echa la carne y un poco de agua.
- Cuando nos quedemos sin caldo se agrega el arroz.
- Cubrir la cazuela con caldo de pollo caliente y rectificar de sal.
- Dejar cocer durante 20 minutos, los 10 primeros a fuego vivo y los 5 últimos a fuego mínimo.
- Reposar el arroz durante 5 minutos antes de servirlo a la mesa.

500 g de arroz

$^1/_2$ kg de magro de cerdo

3 tomates maduros

1 cebolla

1 diente de ajo

2 pimientos rojos

aceite de oliva

caldo de pollo

azafrán

sal

Arroz con bacon y champiñones

500 g de arroz

250 g de bacon

1/4 kg de champiñones

2 dientes de ajo

agua

50 g de mantequilla

aceite de oliva

perejil

sal

• Lavar bien los champiñones y cortarlos a láminas finas. Reservar.

• Hervir el arroz en una cazuela grande durante 20 minutos en abundante agua salada. Escurrir y reservar.

• En una sartén a fuego medio sofreír los dientes de ajo cortados muy menuditos. Cuando dore agregar los champiñones y el bacon cortado a láminas, sazonar y espolvorear con perejil. Dejar cocer hasta que tomen color.

• En una sartén derretir la mantequilla y saltear el arroz hervido.

• Servir el arroz en una fuente con los champiñones y el bacon por encima.

• Acompañar de salsa de tomate.

Arroz con tortilla y jamón del país

- Hervir el arroz en una cazuela grande con abundante agua salada. Escurrir y reservar.
- Preparar una tortilla a la francesa de dos huevos y trocearla muy pequeña.
- En un cazo hervir los guisantes hasta que ablanden.
- Cortar el jamón troceándolo muy pequeño.
- Mezclar bien todos los ingredientes y sofreírlos en mantequilla derretida en una sartén grande.
- Servir caliente.

500 g de arroz

2 huevos

75 g de jamón del país

150 g de guisantes

50 g de mantequilla

sal

Arroz con perdiz

500 g de arroz

2 perdices

1/2 cebolla

1/2 pimiento rojo

1/2 pimiento verde

2 tomates

5 dientes de ajo

1 vaso de vino blanco extremeño

aceite de oliva

1 hoja de laurel

agua

sal

- En una cacerola grande con aceite se rehoga la cebolla picada.

- Cuando empiece a dorar se añade el pimiento, el tomate y el ajo, todo bien picado.

- Entonces se rehogan también las perdices troceadas hasta que estén tiernas.

- Se añade el arroz y se rehoga bien. Se cubre con el vaso de vino y se sazona.

- Añadir el agua necesaria y cocer unos 20 minutos hasta que el arroz esté en su punto.

* Este guiso también queda muy rico con liebre o costillas ibéricas en vez de perdiz.

Huevos

Huevos en panecillo

- Cortar la parte superior del panecillo en forma de sombrero. Se desmiga el interior y se remoja en leche.
- Freír los panecillos en aceite muy caliente.
- Se rellenan los panecillos con el jamón cortado a dados y con el huevo crudo. Poner en una fuente de horno.
- Meter la fuente en el horno a 180 °C. Retirar del horno antes de que se endurezca la yema.
- Servir cubriendo el panecillo con la rebanada que hemos cortado al principio.

4 huevos

4 panecillos de Viena

150 g de jamón serrano

1 vaso de leche

6 cucharadas de aceite de oliva

sal

Revuelto de espárragos trigueros

8 huevos

$^{1}/_{2}$ kg de espárragos trigueros

300 g de habas

180 g de jamón ibérico

1 cebolla

6 cucharadas de aceite de oliva

sal

• Lavar y trocear los espárragos quitándoles la parte más dura del tronco.

• Cocer las habas hasta que estén tiernas.

• Cocer los espárragos en abundante agua con sal durante 5 minutos.

• En una sartén freír la cebolla muy menudita. Cuando adquiera color añadir las habas y sofreírlas junto a los espárragos y el jamón ibérico cortado a dados.

• Batir bien los huevos, verterlos en una sartén a fuego lento y mezclarlos junto al sofrito retirándolo todo cuando haya cuajado.

Huevos con espárragos gratinados

6 huevos

2 rodajas grandes de merluza

1 manojo de espárragos verdes

150 g de queso Gruyère

salsa bechamel

sal

- Cocer los huevos, cortarlos por la mitad y separar las yemas.
- Hervir la merluza y picarla. Con un tenedor hacer un picadillo con ésta y la mitad de las yemas para rellenar los huevos.
- Hervir los espárragos en abundante agua salada durante 10 minutos. Colocarlos como base en una fuente de horno y poner los huevos en el centro.
- Hacer una bechamel ligera (véase pág. 154) y verterla por encima de los huevos y los espárragos.
- Espolvorear el queso rallado. Gratinar durante 10 minutos y servir caliente.

Huevos cardenal

4 huevos

150 g de langostinos frescos

2 zanahorias medianas

1 tomate

1 cebolla

$^{1}/_{2}$ l de leche

25 g de mantequilla

3 cucharadas de harina

2 cucharadas de aceite de oliva

pimienta

sal

- Escalfar los huevos y conservarlos en una fuente de servir en un lugar caliente.

- Freír a fuego lento el ajo a láminas. Cuando dore añadir los langostinos enteros sin que queden muy grasientos. Retirar en cuanto se doren y pelar.

- En el mismo aceite cocer a fuego lento las zanahorias en rodajitas muy finas y el tomate y la cebolla picados. Salpimentar.

- Picar bien en un mortero la cáscara y la cabeza de los langostinos y mezclar con $^{1}/_{4}$ l de leche.

- Verter el picado en la sartén y sofreír durante 10 minutos. Colar con un colador chino y añadir la leche restante.

- Añadir la harina, la mantequilla, el resto de la leche y una pizca de sal, y preparar una bechamel espesa (véase pág. 154).

- Colocar la salsa caliente sobre los huevos escalfados decorando la fuente los langostinos. Gratinar en el horno y servir caliente.

Tortilla a la jardinera

- 6 huevos
- $^{1}/_{4}$ kg de guisantes
- 1 ramillete de espárragos
- 2 patatas
- 50 g de mantequilla
- 100 ml de aceite de oliva
- tomillo
- sal

• Hervir los guisantes y las puntas de los espárragos en abundante agua salada. Escurrir y saltear con mantequilla.

• En una sartén grande freír las patatas cortadas finas. Retirar en cuanto estén bien doraditas.

• Batir los huevos y añadirles una pizca de sal.

• Verter los huevos en una sartén con un poco de aceite previamente caliente. Agregar a continuación los guisantes, los espárragos y las patatas.

• Cuando la base de la tortilla empiece a tomar consistencia remover los huevos, subiendo el fuego antes de darle la vuelta. Intentaremos que quede doradita por fuera y un poco cruda por dentro.

Huevos con salmorejo

8 huevos

4 rodajas de pan frito

1/4 kg de longaniza

100 g de jamón serrano

1/4 kg de lomo de cerdo

1/2 l de caldo de carne

2 cucharadas de aceite de oliva

sal

- Freír por separado en una cazuela de barro la longaniza y el lomo. Reservar.
- En cuatro cazuelas individuales de barro repartir el lomo, la longaniza, el jamón cortado a dados, el pan y los huevos.
- Rehogar los ingredientes con el caldo y sazonar.
- Meter las cazuelas en el horno hasta que se hayan cocido los huevos.
- Servir en las mismas cazuelas.

Huevos duros con anchoas

6 huevos

8 anchoas

2 cucharadas de salsa de bechamel muy espesa

6 cucharadas de aceite de oliva

2 cucharadas de pan rallado

1 huevo (para rebozar)

- Limpiar bien las anchoas, sacarles las espinas y escurrir.
- Hervir los huevos hasta que estén duros, pelarlos y cortarlos por la mitad quitando la yema.
- Con un tenedor chafar la yema con las anchoas y mezclarlo todo con la bechamel (véase pág. 154). Cocer unos minutos.
- Llenar el agujero de las yemas con esta mezcla y cubrir también las claras.
- Rebozar con huevo batido y pan rallado.
- Freír los huevos en aceite muy caliente.

* Las anchoas pueden ser sustituidas por atún.

Huevos al plato a lo tradicional

6 huevos

3 hígados de gallina

75 g de jamón serrano

450 g de guisantes

30 g de mantequilla

12 aceitunas negras

6 cucharadas de salsa de tomate

3 cucharadas de aceite de oliva

sal

• Hervir los guisantes en abundante agua salada. Reservar.

• En una sartén se fríen los hígados de gallina muy menuditos. Cuando empiecen a dorarse se añade el jamón serrano cortado a dados y las aceitunas deshuesadas a láminas. Salpimentar.

• Un par de minutos antes de retirar del fuego añadir los guisantes.

• Cubrir 4 cazuelitas individuales con el preparado. La base estará previamente untada de mantequilla.

• Poner los huevos por encima de la base y después una capa de salsa de tomate (véase pág. 155).

• Meter en el horno a 180 °C retirando antes de que cuaje la yema.

Tortilla a la francesa «Florinda»

- Se pone una sartén con un cuarto de la mantequilla al fuego para que quede bien untada. Cuando esté caliente se añade una cucharada de aceite.

- Batimos bien 2 huevos hasta espumar para que la tortilla nos quede muy esponjosa.

- Añadir al batido un cuarto del perejil cortado muy menudito, la leche fresca y una pizca de sal.

- Echamos el huevo batido en la sartén cuando el aceite esté muy caliente. A fuego fuerte removemos el huevo con un tenedor de madera y lo doblamos dándole una forma alargada procurando que quede un poco cruda por dentro y muy esponjosa por fuera.

- Repetir la operación hasta tener 4 tortillas individuales.

8 huevos

4 cucharadas de café de leche fresca

4 nueces de mantequilla

aceite de oliva

perejil

sal

Huevos a lo pobre

8 huevos

1 kg de patatas

3 dientes de ajo

1/4 l de agua

1/4 l de aceite de oliva

sal

- Machacar los dientes de ajo en un mortero.
- Pelar las patatas y cortarlas a rodajas muy finas.
- Freír las patatas a fuego lento en una sartén grande. Reservar cuando estén doraditas.
- En una sartén poner las patatas, el agua y el ajo machacado. Cocer a fuego lento hasta que se consuma toda el agua.
- Batir los huevos, añadir una pizca de sal y verter en la sartén. Retirar del fuego cuando haya cuajado el huevo.

Tortillas de pan

6 huevos

250 g de pan de molde

4 cucharadas de leche fresca

2 cucharadas de aceite de oliva

sal

- En un cazo empapar el pan de molde con la leche.
- Batir bien los huevos hasta que el batido quede muy espumoso.
- Mezclar los huevos con el pan y sazonar.
- En una sartén freír pequeñas albodinguillas de la mezcla, dorando por ambos lados.
- Servir acompañadas de salsa de tomate (véase pág. 155).

Revoltillo de guisantes con jamón

8 huevos

$^{3}/_{4}$ kg de guisantes

1 cucharada de leche fresca

2 dientes de ajo

150 g de jamón del país

aceite de oliva

pimienta

sal

- Hervir los guisantes en un cazo con abundante agua salada hasta que estén tiernos.

- En una sartén freír los ajos cortados a láminas muy finas. Cuando doren añadir el jamón cortado a tacos pequeños y los guisantes.

- Batir bien los huevos, mezclarlos con la leche y verter la mezcla en la sartén a fuego lento.

- Remover en la misma dirección hasta que cuajen los huevos.

- Antes de servir en la mesa salpimentar ligeramente.

Huevos rojillos

• Cocer los huevos durante 10 minutos, cortarlos por la mitad y separar las yemas.

• En un cazo mezclar la salsa de tomate (véase pág. 155), el queso blanco cortado a dados, el pimentón dulce y una pizca de sal. Cuando la mezcla sea consistente agregar las yemas de los huevos y chafar con un tenedor.

• Rellenar los huevos y adornarlos con una aceituna rellena. Meter en la nevera.

• Servir frío.

12 huevos

300 g de queso blanco

3 cucharadas de salsa de tomate

2 cucharadas de café de pimentón dulce

12 aceitunas rellenas

sal

* Recomiendo preparar 12 huevos, así sobrará alguno para el día siguiente.

Carnes de todo tipo

Boliches de carne picada

600 g de carne de ternera picada

400 g de carne de cerdo picada

2 huevos

50 g de mantequilla

1 cebolla grande

1 cucharada de pan rallado

pimienta

sal

- Cortar la cebolla a trozos muy finos y agregar a la carne picada, que previamente se habrá mezclado con un tenedor.
- Cuando la mezcla sea compacta, salpimentar al gusto y remover de nuevo.
- Preparar albóndigas de carne con las manos, rebozar con el huevo batido y el pan rallado.
- Colocar los boliches en una fuente de horno untada de mantequilla.
- Hornear durante 1 hora.

Lomo a la sal

1 kg de lomo en una pieza

sal gorda

• En una fuente de horno colocar el lomo y cubrirlo con la sal apretando con las manos para lograr que se quede totalmente adherida a la pieza.

• Introducir en el horno previamente precalentado a 180 ºC.

• Dejar en el horno el tiempo que necesite la sal para cuartearse –habitualmente una media hora.

• Retirar del horno, dejar enfriar durante 10 minutos y quitar la crosta de sal, sirviendo el lomo cortado con un cuchillo eléctrico en lonchas muy finas.

• Servir acompañado de una ensalada de rábanos.

Lomo al vino blanco

- Sazonar el lomo y freírlo en el aceite muy caliente. Reservar.

- En una cazuela de barro derretir la mantequilla, freír el ajo cortado a láminas y esperar a que se dore.

- Verter el vino blanco, llevar a hervor, retirar la sartén del fuego y poner sobre el lomo.

- Servirlo espolvoreado con hierbabuena.

6 rodajas grandes de lomo

50 g de mantequilla

1 copa de vino blanco

1 ajo

6 cucharadas de aceite de oliva

hierbabuena

pimienta

sal

Lomo con leche

1 kg de lomo de cerdo en una pieza

$^1/_2$ l de leche

50 g de mantequilla

1 diente de ajo

pimienta

sal

• Frotar el ajo sobre la pieza de lomo, salpimentar y poner en una cazuela de barro con la base untada de la mitad de la mantequilla.

• Untar la parte superior del lomo con el resto de la mantequilla.

• Dorar el lomo por ambos lados a fuego lento.

• Cuando se dore, quitar la grasa y verter la leche en la cazuela. Dejar cocer a fuego lento hasta que la leche cambie de color y espese un poco.

• Servir cortado a lonchas finas con la salsa de leche caliente en una salsera.

• Acompañar de puré de patatas. Éste se prepara cociendo $^1/_2$ kg de patatas sin pelar. Después se pelan, se aplastan con un tenedor, se les añade una nuez de mantequilla y leche hasta conseguir la consistencia deseada. Sazonar con sal y nuez moscada.

Lomo a la naranja

- Salpimentar el lomo, y en una cazuela de barro con el aceite dorarlo a fuego muy fuerte por ambos lados; cuando esté dorado, echar el jerez, reducir y verter por encima el zumo de naranja. Tapar la cazuela y dejar cocer durante 20 minutos.
- Espolvorear el azúcar sobre el lomo y quemarlo.
- Servir acompañado de puré de patatas (véase receta anterior).

1/2 kg de lomo de cerdo en una pieza

1/2 vaso de jerez

1 vaso de zumo de naranja

1 cuchara de azúcar

2 cucharadas de aceite de oliva

puré de patatas

Chuletas de cordero al horno

16 chuletas de cordero

5 cebollas

130 g de mantequilla

agua

pimienta

sal

- En una sartén a fuego lento rehogar con 80 g de mantequilla las cebollas cortadas muy finas.

- Cuando las cebollas transparenten, agregar un poco de agua. Reservar.

- Sazonar las costillas, untarlas de mantequilla y colocarlas en una fuente de horno. Meter la fuente en el horno a fuego fuerte durante 10 minutos, dándoles la vuelta a la mitad de cocción.

- Verter las cebollas sobre las costillas y meter en el horno un par de minutos.

Pollo almendrado

- Remojar el pollo fileteado y sazonado en el huevo batido, enharinarlo y freírlo en una cazuela de barro con abundante aceite muy caliente. Reservar.

- En un mortero picar las almendras y el perejil.

- Con un poco de aceite sobrante rehogar la cebolla cortada muy fina. Cuando dore agregamos el picadillo, el vino y el agua. Cuando rompa a hervir, lo retiramos y lo vertemos sobre el pollo.

- Dejar cocer en la cazuela de barro hasta que el pollo esté bien tierno.

4 pechugas de pollo grandes

75 g de almendras

1 cebolla

1 vaso de vino blanco

1 vaso de agua

6 cucharadas de harina

2 huevos

aceite de oliva

pimienta

perejil

sal

Cordero «melosín»

1 kg de cordero

2 cebollas

1 pimiento verde

6 cucharadas de miel

2 vasos de vino blanco

pimientón dulce

aceite de oliva

sal

- En una cazuela de barro rehogar a fuego lento las cebollas y el pimiento cortados muy finos. Cuando estén doraditos, añadir el cordero troceado. Dejar dorar por ambos lados.

- Sazonar, regar con el vino blanco y espolvorear por encima con un poco de pimentón. Dejar cocer durante 25 minutos.

- Verter por encima del cordero la miel y dejar cocer otros 5 minutos.

- Servir de inmediato.

Ternera con salsa de champiñones

• En una sartén con poco aceite muy caliente freír los medallones de ternera salpimentados y servir cubiertos de salsa de champiñones.

• Mientras salteamos los medallones, lavamos los champiñones y los cortamos a láminas.

• En un sartén con aceite de oliva muy caliente freímos a fuego medio el diente de ajo cortado muy fino y cuando se dore salteamos los champiñones. Una vez estén doraditos, verter el vino blanco y la nata líquida. Reducir el fuego y, sin dejar de remover, cocer hasta que cuaje la salsa. Verter por encima de los medallones.

6 medallones de ternera

200 g de champiñones

70 g de mantequilla

1 diente de ajo

100 ml de vino blanco

400 ml de nata líquida

aceite de oliva

pimienta

sal

Chuletas de cordero con jamón ibérico y huevo frito

8 chuletas de cordero

1 cebolla

100 g de jamón ibérico

4 huevos

aceite de oliva

sal

• En una sartén con poco aceite freír la cebolla cortada muy fina. Cuando se dore echar el jamón ibérico cortado a dados. Reservar.

• En una sartén freír las chuletas.

• Servirlas con el sofrito y un huevo frito.

Pollo hortelano

- Lavar y pelar los calabacines y las zanahorias y cortarlos a rodajas muy finas.

- En una sartén a fuego medio freír las pechugas de pollo fileteadas y salpimentadas. Reservar.

- En la misma sartén sofreír la cebolla cortada a aros finos, y cuando dore agregamos los calabacines y las zanahorias. Rehogar durante 5 minutos.

- Echar las pechugas de pollo y dejar cocer 3 minutos más a fuego lento.

4 pechugas de pollo grandes

3 calabacines

3 zanahorias

1 cebolla

aceite de oliva

pimienta

sal

Ternera con queso

6 filetes de ternera

12 lonchas de queso Gruyère

6 cebollas pequeñas muy tiernas

6 cucharadas de mantequilla

pimienta

sal

• En un bol mezclar las cebollas picadas con la mantequilla derretida. Sazonar.

• Untar ambos lados de los filetes de ternera, cubrirlos con una loncha de queso por cada lado e introducir en una fuente de horno envueltos en papel de aluminio.

• Dejar cocer durante 10 minutos por lado a 200 °C.

Pollo sencillo de domingo

1 pollo entero grande

100 ml de caldo de pollo

75 g de mantequilla

pimienta

sal

- Salpimentar ligeramente el pollo limpio por dentro y por fuera y atarlo con una cuerda de cocina.
- Untar el pollo con la mantequilla y ponerlo en una fuente de horno. Verter el caldo sobre la pieza de pollo.
- Meter el pollo en el horno a 200 °C y untarlo constantemente con el caldo. Darle la vuelta de vez en cuando para que dore por ambos lados. Retirar cuando el pollo esté bien dorado.
- Colocarlo en una fuente de servir.
- Rehogar el caldo resultante durante un par de minutos a fuego lento y servirlo en una salsera.

Salchichas de noche

12 salchichas de Frankfurt

10 cebollas

5 cucharadas de salsa de tomate espesa

20 g de mantequilla

2 vasos de caldo de carne

pimienta

sal

- En una sartén cocer las cebollas picaditas con la mantequilla. Antes de que tomen color verter las salchichas y rehogarlas junto a la cebolla.

- Cuando las salchichas tomen color añadir la salsa de tomate (véase pág. 155) y salpimentar.

- A los 2 minutos verter el caldo y dejar hervir durante unos 5 minutos a fuego lento.

- Servir caliente.

Estofado de carne

- En una cazuela de barro se sofríe el diente de ajo picado hasta que se dore. Agregar la carne de cerdo picada. Reservar la carne cuando esté dorada.

- Cortar la carne de ternera a dados gruesos. En la misma cazuela de barro freírla salpimentada hasta que se dore por ambos lados.

- A media cocción echar la cebolla cortada fina y las zanahorias a láminas, remover bien y agregar un ramita de canela y un poco de perejil.

- Cuando la verdura tome color agregar un copa de vino tinto y un poco de agua. Espesar con la harina.

- Dejar cocer a fuego mínimo hasta que la carne esté en su punto.

1 ½ kg de carne de ternera picada

¼ kg de carne de cerdo picada

2 cebollas

2 zanahorias

1 diente de ajo

1 ramita de canela

1 copa de vino tinto

3 cucharadas de harina

aceite de oliva

perejil

sal

Conejo con mostaza

1 conejo grande entero

2 cucharadas de mostaza

aceite de oliva

1 hoja de laurel

pimienta negra

sal

• Limpiar bien el conejo, salpimentar y colocar en una fuente de horno untado con abundante aceite y una hoja de laurel.

• Meter la fuente en el horno a 180 ºC durante 35 minutos, dándole la vuelta a mitad de cocción.

• Transcurrido este tiempo sacar el conejo del horno y untarlo todo con la mostaza.

• Gratinar en el horno.

• Servir bien caliente acompañado de la salsa de mostaza.

Escalopes de ternera con anchoas

- Macerar en aceite las anchoas y reservar.
- Cocer los huevos, pelarlos y picarlos. Reservar.
- Aplastar los escalopes contra el mármol de la cocina y salpimentar.
- Pasar los escalopes en el huevo batido y rebozar con el pan rallado.
- Freír los escalopes en una sartén a fuego medio cuando el aceite esté muy caliente. Retirar cuando estén dorados por ambos lados.
- Colocar los escalopes en una fuente y poner encima de cada uno una anchoa que se aguante con un palillo. Espolvorear por encima con el huevo duro picadito.
- Servir acompañado de una rodaja de limón para aderezar.

6 escalopes

6 anchoas

2 huevos duros

1 huevo

2 limones

2 cucharadas de pan rallado

aceite de oliva

pimienta negra

sal

Lomo adobado

1 kg de lomo de cerdo

5 dientes de ajo

5 cucharadas de vinagre de jerez

orégano

1 hoja de laurel

aceite de oliva

sal

- Adobar el lomo sazonado con los dientes de ajo, el orégano, la hoja de laurel y el vinagre durante un par de días a temperatura ambiente.
- Orear el lomo en un lugar fresco.
- Cortar el lomo en filetes finos.
- En una sartén a fuego medio freír los filetes de lomo y retirar cuando estén dorados por ambos lados.

Chuletas de cordero salteadas con cebolletas

- Cocer las patatas, pelarlas y freírlas junto con las cebolletas peladas enteras a fuego lento con la mantequilla. Reservar.
- Sazonar las chuletas y saltearlas en una sartén a fuego lento. A mitad de cocción agregar las cebolletas y las patatas. Dejar cocer hasta que se hagan las verduras.
- Cuando falten un par de minutos para retirar del fuego, avivarlo y agregar a la sartén una cucharada de caldo por chuleta.
- Servir caliente.

1 $1/2$ kg de chuletas de cordero

200 g de cebolletas

350 g de patatas

50 g de mantequilla

caldo de ternera

aceite de oliva

sal

Gallina en cazuela

1 gallina grande

150 g de cebollas

100 g de champiñones

100 g de jamón ibérico

50 g de mantequilla

1 cucharada de harina

1 vaso de vino tinto

1 l de caldo de gallina

1 diente de ajo

1 hoja de laurel

sal

• Hervir la gallina en el caldo. Retirar la gallina cuando esté bien blandita. Retirar de la cazuela y cortar a trozos no demasiado grandes. Reservar.

• Lavar bien los champiñones para que desprendan toda la tierra.

• Rehogar con mantequilla el ajo y las cebollas cortadas muy finas en una cazuela de barro. Cuando se doren agregar los champiñones cortados a láminas muy finas y verter la harina poco a poco sin dejar de remover.

• Verter el caldo y el vaso de vino. Cocer a fuego lento.

• Poner la gallina en otra cazuela de barro. Se espolvorea con el jamón ibérico y se echa la salsa. Dejar cocer a fuego mínimo.

Conejo a la extremeña

- Una vez limpio y troceado para asar, se pone el conejo a la parrilla hasta que se tueste. Salarlo.

- Picar bien los demás ingredientes y sofreírlos en el aceite caliente hasta conseguir una salsa con la que se servirá el conejo.

1 conejo

$^1/_2$ pimiento rojo

$^1/_2$ pimiento verde

4 tomates

5 dientes de ajo

1 cebolla

aceite de oliva

sal

Cochinillo al ajillo

1 kg de cochinillo

1 cabeza de ajo

aceite de oliva

sal

- En una cazuela grande cortar los ajos pelados a láminas y dorar en abundante aceite de oliva.

- Añadir el cochinillo troceado. Cocer hasta que esté dorado por fuera y hecho por dentro.

- Servir inmediatamente.

- Se puede acompañar con patatas fritas y ensalada.

Solomillo de cerdo ibérico con queso de la Serena fundido

- Preparar los solomillos sobre la barbacoa, la brasa o la plancha. Sazonarlos al gusto.
- La salsa se prepara derritiendo el queso y mezclándolo con la nata justo antes de colocar un poco sobre cada solomillo.
- Servir en el acto.

4 solomillos de cerdo ibérico

4 cucharadas de queso de la Serena

$^{1}/_{2}$ l de nata líquida

pimienta

sal

Piernitas de cordero a las hierbas

4 piernitas tiernas de cordero

6 dientes de manteca de cerdo

tomillo

jara

sal

- En una bandeja del horno se colocan las piernitas y introducen a horno fuerte.

- Una vez doradas, se reduce la temperatura del horno y metemos en el horno un recipiente con agua.

- Pasados 30 minutos en el horno, untar las piernitas con la manteca, los ajos picados, el tomillo y la jara. Sazonar.

- Se vuelven a meter en el horno hasta que se terminen de hacer (otros 20 minutos aproximadamente).

Pescados y mariscos

Gambas al ajillo

- Pelar las gambas y repartirlas en una fuente de servir grande. Sazonar y espolvorearlas con perejil.
- En una cazuela de barro, calentar el aceite de oliva, poner los dientes de ajo y la guindilla dividida en pequeñas puntas. Cuando los dientes de ajo se doren agregar las gambas.
- Dejar cocer durante 5 minutos con la cazuela tapada.
- Servir muy calientes.

1 kg de gambas frescas

8 dientes de ajo

4 cucharadas de aceite de oliva

perejil

1 guindilla

sal

Lenguado con tomate

4 filetes de lenguado

2 cebollas

3 tomates maduros

50 g de mantequilla

3 cucharadas de nata líquida

pimienta

sal

• Pelar las cebollas y los tomates (sin semillas) y picarlos.

• En una sartén grande freír la cebolla en mantequilla y cuando dore añadir los tomates. Dejar cocer durante 10 minutos.

• Salpimentar los filetes de lenguado, enrollarlos y sujetarlos con un palillo.

• Untar con mantequilla la base de una fuente de horno, colocar los lenguados y verter por encima el sofrito.

• Meter la fuente en el horno durante 20 minutos a 180 °C.

• Reservar el lenguado, y en un cazo aparte mezclar la salsa con la nata líquida. Rociar el pescado con esta salsa.

• Servir inmediatamente.

Mero «alegría»

- Limpiar bien el mero, sazonarlo y cortarlo a filetes finos.

- Poner el pescado en una cazuela de barro regado con el vino y la leche. Si no cubrieran las rodajas de mero añadir proporcionalmente un poco más de agua y de leche. Añadir la hoja de laurel.

- Cocer a fuego medio durante 20 minutos.

- Servir caliente.

1 kg de mero

1 vaso de leche

1 vaso de vino blanco

1 hoja de laurel

sal

Filetes de lenguado con langostinos

1 kg de lenguados

1 kg de langostinos frescos

1 copa de jerez

1/4 l de nata líquida

aceite de oliva

pimienta

sal

- Pedir en la pescadería que nos limpien bien los lenguados, les quiten la piel negra y los corten a filetes.

- Al llegar a casa limpiarlos de nuevo y golpearlos para que se aplanen. Sazonarlos.

- Poner los lenguados en una cazuela de barro junto al jerez y un caldo corto. Al primer hervor, retirar los lenguados y reservar.

- Añadir al caldo la nata líquida y dejar reducir hasta que el caldo espese. Salpimentar ligeramente.

- Pelar los langostinos, sazonarlos, cortarlos por la mitad y preparar a la parrilla.

- Servir el lenguado vertiendo por encima la salsa acompañada de los langostinos.

Dorada al horno

- Cubrir la base de una fuente de horno con el aceite de oliva.
- Pelar las patatas, cortarlas a rodajas finas y colocarlas en el fondo de la fuente.
- Cortar los tomates y la cebolla a tiras, picar los dientes de ajo y el perejil y repartirlo sobre la base de las patatas. Sazonar ligeramente y regar con el agua.
- Introducir la fuente en el horno precalentado a 180 °C.
- Transcurridos 15 minutos, añadir la dorada entera sobre la verdura y regarla con el vino blanco.
- Dejar en el horno 20 minutos más. Retirar y servir caliente.

1 dorada grande

1/4 kg de patatas

150 g de tomates

1 cebolla

3 dientes de ajo

1 copa de vino blanco

1/2 vaso de agua

6 cucharadas de aceite de oliva

perejil

sal

«Pescaíllas» y «salmonillos» a la gaditana

600 g de pescadillas

400 g de salmonetes pequeños

6 cucharadas de harina

$^{1}/_{2}$ l de aceite de oliva

1 limón

- Limpiar bien las pescadillas y los salmonetes.
- Enharinar el pescado y freírlo en abundante aceite muy caliente.
- Servir muy calientes con el limón cortado a cuartos.
- No llevan sal para que cada cual la añada a su gusto en la mesa.

Atún encebollado

- Hervir el atún en una olla grande con abundante agua con sal. Sazonar y reservar.
- Cortar las cebollas a láminas muy finas; pelar el tomate, quitarle las pepitas y cortarlo muy pequeño.
- Freír en primer lugar la cebolla hasta que se dore; añadir el tomate y a continuación el atún. Rehogar durante 5 minutos.
- Decorar la fuente de servir con aceitunas.

1 $^{1}/_{2}$ kg de atún a filetes

10 cebollas

1 diente de ajo

200 g de aceitunas verdes deshuesadas

1 tomate

6 cucharadas de aceite de oliva

sal

Bacalao con piñones

1 kg de bacalao a filetes

100 g de piñones

1 cebolla grande

1 pimiento rojo

2 tomates maduros

4 cucharadas de harina

6 cucharadas de aceite de oliva

laurel

sal

• Desalar el bacalao en agua fría durante unas 12 horas cambiando el agua varias veces.

• Una vez desalado, escurrirlo y enharinarlo.

• Freír los filetes de bacalao en una sartén cuando el aceite esté muy caliente. Reservar.

• Picar la cebolla muy fina y trocear el tomate y el pimiento rojo a trozos muy pequeños. Hacer un sofrito y verter en una cazuela de barro cuando esté preparado.

• Añadir a la cazuela de barro el bacalao y los piñones. Cubrir de agua y añadir el laurel. Cocer a fuego lento hasta que el bacalao esté muy tierno.

Merluza al horno

- Colocar en una fuente de horno una capa de patatas cortadas en juliana sobre una base de aceite de oliva virgen. Poner en el horno caliente 15 minutos.

- Repartir la merluza sobre la base de patatas y los tomates cortados por la mitad. Salpimentar y regar por encima con aceite de oliva.

- En un bol aparte mezclar el ajo picado, la cebolla cortada muy fina y el tomillo picado. Rehogar todo en el zumo de un limón y salpimentar. Verter sobre la merluza.

- Meter la fuente en el horno a 180 °C durante 20 minutos.

1 kg de merluza a rodajas

$^{1}/_{4}$ kg de patatas

3 tomates

1 cebolla grande

2 dientes de ajo

1 rama de tomillo

zumo de 1 limón

aceite de oliva

pimienta

sal

Pescadillas en caldillo perruno

1 $1/2$ kg de pescadilla fresca

3 cebollas

75 g de pan rallado

1 diente de ajo

zumo de 2 naranjas muy agrias

2 vasos de caldo de pescado

$1/2$ vaso de agua

8 cucharadas de aceite de oliva

sal

- Poner el pan en un bol grande con medio vaso de agua y dejarlo en remojo.
- Cortar la pescadilla muy menudita y sazonarla.
- En una cazuela de barro freír el ajo pelado y entero; cuando esté dorado retirar y machacar en un mortero junto al pan mojado. Sazonar ligeramente.
- Cortar la cebolla muy fina y rehogarla en el aceite en una sartén. Añadir entonces la pescadilla y cubrirla con el caldo de pescado. Cocer a fuego lento.
- Un par de minutos antes de terminar la cocción, añadir los ingredientes del mortero y el zumo de naranja.
- Servir caliente en la misma cazuela de barro.

Calamares fritos

1 kg de calamares frescos

1 diente de ajo

6 cucharadas de aceite de oliva

perejil

sal

- Pedir en la pescadería que nos limpien bien los calamares.

- Si los vamos a limpiar nosotros mismos, quitarles los ojos y la tinta, y lavarlos bajo un chorro de agua bien fría.

- En una sartén con el aceite, freír el diente de ajo cortado a láminas y retirar en cuanto dore.

- Añadir los calamares enteros, hacerlos por cada lado y retirarlos en cuanto estén bien fritos.

- Servir espolvoreados con perejil picado.

Sardinas al ajillo

1 kg de sardinas frescas
2 huevos
2 dientes de ajo
1 vaso pequeño de vinagre
5 cucharadas de aceite de oliva
6 cucharadas de harina
perejil
sal

- Limpiar las sardinas quitándoles la cabeza, las tripas, las espinas y las escamas.
- Lavar y secar muy bien, sazonándolas ligeramente.
- Picar los dientes de ajo y el perejil en un mortero, diluir en el vinagre y en una cucharada de aceite de oliva.
- Introducir las sardinas en la mezcla y dejar en adobo durante un par de horas.
- Rebozar las sardinas pasándolas por la harina y los huevos batidos.
- Freír las sardinas en varias tandas cuando el aceite esté muy caliente.
- Retirar del fuego cuando estén doradas.
- Servir calientes.

Coquinas al jerez

- Lavar bien las coquinas y dejarlas en remojo durante 3 horas cambiando el agua cada $^1/_2$ hora para eliminar la arenilla que contienen.

- Cortar los dientes de ajo a láminas muy finas. Freírlos a fuego medio y cuando adquieran color agregar las coquinas a la sartén. A los 3 minutos añadir el perejil picado muy menudito y el jerez. Sazonar.

- Tapar la sartén y mantenerla tapada durante 5 minutos.

- Un minuto antes de retirar del fuego, regar con el zumo de limón.

1 kg de coquinas

2 dientes de ajo

2 copas de jerez

6 cucharadas de aceite de oliva

1 cucharada de zumo de limón

perejil

sal

Camarones al estilo de Cádiz

800 g de camarones

2 cebolletas

6 cucharadas de harina de trigo

6 cucharadas de harina de garbanzos

4 cucharadas de aceite de oliva

2 cucharadas de agua

perejil

sal

- En un bol grande mezclar bien la harina de trigo y la de garbanzos con el agua y sazonar hasta lograr una masa compacta.
- Limpiar bien los camarones, sazonarlos y rebozarlos con la masa, las cebolletas y el perejil picado.
- Freír el pescado en una sartén con el aceite y dorar por ambos lados hasta que queden bien crujientes.
- Servir caliente.

Rape «ofuscao»

- En una cazuela de barro poner el rape cortado a rodajas gruesas y sobre los trozos de pescado repartir la cebolla picada, los tomates pelados a tiras y sin pepitas y el ajo y el perejil picados muy finos.
- Cubrir la cazuela con agua y añadir la cucharada de aceite. Hervir durante 20 minutos a fuego fuerte.
- A mitad de la cocción añadir la pimienta roja.
- Si nos quedamos sin salsa, bajar el fuego y añadir un poco de agua.
- Servir en la cazuela de barro.

800 g de rape a rodajas

300 g de patatas pequeñas

2 tomates maduros

1 diente de ajo

1 cebolla

1 cucharada de aceite de oliva

pimienta roja

perejil

agua

sal

Pescadilla a la sencilla

4 pescadillas grandes

12 granos de pimienta negra

1 hoja de laurel

salsa mayonesa

agua

sal

- Limpiar las pescadillas de escamas, tripa y cabeza.

- Poner las pescadillas sazonadas en una cazuela de barro y cubrirlas de agua. Añadir el laurel y la pimienta negra.

- Hervir en la cazuela de barro durante unos 20 minutos. Espumar de vez en cuando.

- Sacar de la cazuela con ayuda de una espumadera.

- Por último, servir con salsa mayonesa (véase pág. 153).

Mejillones almendrados

- Preparar los mejillones al vapor regándolos con el limón.
- Pelar y tostar las almendras.
- Picar los ajos y las almendras en un mortero. Añadir la yema del huevo. Cuando la masa esté compacta añadir la salsa de tomate (véase pág. 155).
- Verter todo en un recipiente grande y batirlo con el minipimer al tiempo que se echa poco a poco el aceite hasta conseguir una salsa consistente.
- Quitar la carne de los mejillones y mezclarla con la salsa almendrada. Rellenar las conchas con la mezcla. Espolvorear con perejil picado.
- Servirlos sobre hojas de lechuga.

1 kg de mejillones

50 g de almendras

1 huevo duro

1 lechuga

1 diente de ajo

2 cucharadas de salsa de tomate

5 cucharadas de aceite de oliva

1 cucharada de zumo de limón

perejil

Almejas con cebollita

1 kg de almejas

1 copa de vino blanco seco

2 cebollas grandes

2 dientes de ajo

2 cucharadas de aceite de oliva

1 limón

perejil

- Limpiar bien las almejas para quitarles toda la arenilla. Ponerlas en una olla con la mitad del vino y un poco de cebolla cortada muy menudita. Dejar cocer hasta que se abran las almejas. Reservar.

- En una sartén a fuego medio rehogar las cebollas picadas. Cuando estén transparentes echar los dientes de ajo picados y el resto del vino blanco. Bajar el fuego y dejar que rehogue todo.

- Unos minutos antes de retirar del fuego el sofrito añadir unas gotas de limón. Echar las almejas y dejarlas cocer durante un par de minutos más sin dejar de remover.

- Servir calientes.

Merluza nevada

1 merluza de 1 $^{1}/_{2}$ kg

4 huevos

25 g de mantequilla

125 g de queso Gruyère rallado

1 cucharada de café de zumo de limón

2 cucharadas de vino blanco

sal

• Pedir en la pescadería que nos quiten la espina y la cabeza de la merluza.

• Lavar bien la merluza, sazonarla y colocarla en una fuente de horno abierta por la mitad. Embadurnar la piel del pescado con la mantequilla. Regar con el zumo de limón y el vino blanco.

• Meter la fuente en el horno durante 10 minutos a 180 ºC.

• En un bol batir las yemas y mezclarlas con el queso Gruyère.

• Montar las claras a punto de nieve.

• Sacar la merluza del horno, cubrir el pescado con la mezcla de queso y huevo y verter las claras montadas uniformemente por toda la fuente.

• Meter de nuevo en el horno hasta que se doren las claras.

• Servir caliente.

Pulpitos

1 ½ kg de pulpitos

4 cebollas

4 tomates maduros

3 dientes de ajo

6 cucharadas de aceite de oliva

1 vaso de vino blanco

perejil

pimienta

sal

• Lavar bien los pulpos y freírlos con poco aceite. Retirarlos de la sartén, salpimentar y reservar.

• Cortar la cebolla a aros, sofreírla en una cazuela de barro y cuando esté transparente añadir el ajo y el perejil picados. Cuando se doren echar el tomate pelado y cortado muy fino. Dejar cocer unos minutos.

• Echar los pulpos en la cazuela, remover bien y agregar el vino blanco. Tapar la cazuela y dejar cocer a fuego lento hasta que los pulpos estén bien tiernos removiendo de vez en cuando. Rectificar de sal. Si la salsa quedara demasiado espesa añadir un poco de agua.

• Servir caliente.

Sepia con patatas

- En un cazo con abundante agua salada se hierven los guisantes hasta que estén tiernos. Reservar.

- Se limpia bien la sepia, se trocea y se fríe en una cazuela de barro a fuego fuerte. Cuando dore se le añade la cebolla cortada muy fina.

- Cuando la cebolla esté casi transparente echar el tomate pelado y cortado a trocitos muy pequeños; 2 minutos más tarde añadir las patatas cortadas a rodajas y cubrir la sepia con agua dejando cocer a fuego lento.

- En un mortero picar el azafrán, el ajo y los piñones de modo que quede una masa compacta; verter el vino rancio y ccharlo a la cazuela sin dejar de remover.

- Unos 5 minutos antes de retirar del fuego echar los guisantes y rectificar de sal.

- Servir caliente.

600 g de sepia

600 g de patatas

300 g de guisantes

30 g de piñones

2 cebollas

2 dientes de ajo

4 tomates maduros

1 copa de vino rancio

unas hebras de azafrán

6 cucharadas de aceite de oliva

agua

pimienta

sal

Salsas básicas

Mayonesa

$^{1}/_{2}$ l de aceite de oliva

2 huevos

zumo de limón

sal

• La mayonesa es como la tortilla de patata, cada cual la hace de una manera. Aquí recomiendo la más sencilla, pero se le puede añadir un poco de mostaza o vinagre al gusto. Según lo fuerte que te guste usarás aceite de 1° o de 0,4°. También puedes usar mitad de uno y mitad de otro. Hacerla a mano es fácil pero yo aconsejo usar batidora porque es más rápido y menos cansado.

• En el vaso de la minipimer poner los huevos con un pellizco de sal.

• Agregar el aceite poco a poco sin parar de batir hasta que la mayonesa tome la consistencia deseada.

• Añadir un chorrito de limón y probar para rectificar de sal.

Bechamel

2 cucharadas de mantequilla

2 cucharadas de harina

$^{1}/_{2}$ l de leche

pimienta

nuez moscada

sal

• Derretir la mantequilla en una sartén grande.

• Añadir la harina poco a poco, removiendo con cuidado para que quede una mezcla uniforme.

• Incorporar la leche en varias veces para la bechamel tome la consistencia deseada sin hacer grumos.

• Sazonar y ponerle un poco de nuez moscada.

• Dejarla hervir unos minutos, removiendo constantemente para que no se pegue.

• Si deseas una bechamel más líquida, añade más leche.

• La puedes hacer con leche desnatada en lugar de entera para evitar grasa y calorías, pero no te quedará tan sabrosa.

Salsa de tomate

- Picar la cebolla y rehogarla en una cazuela grande con abundante aceite. Dorar a fuego lento.
- Añadir el ajo a láminas y, si se desea, un poco de jamón del país picadito para que le dé buen gusto.
- Cuando todo esté dorado, se añaden los tomates picados pequeños y se cubren con agua.
- Cocer a fuego lento durante 45 minutos añadiendo un poco de agua cada vez que se reduzca.
- Sazonar y corregir la acidez del tomate añadiendo una cucharada de azúcar.
- Es ideal preparar esta salsa con los tomates demasiado maduros que ya no vas a comer. Puedes guardarla en la nevera o congelarla en frasquitos pequeños e ir sacándolos cuando la necesites para algún guiso.

1 cebolla

1 kg de tomates muy maduros

1 diente de ajo

aceite de oliva

agua

1 cucharada de azúcar

pimienta

sal

Postres

Arroz con leche campestre

• En un cazo a fuego lento calentar la leche condensada, el agua, la rama de canela y una corteza de limón. Cuando rompa a hervir, agregar el arroz y cocerlo a fuego muy lento durante media hora.

• Retirar la corteza y la canela.

• Verter el arroz en boles individuales y meterlos en el frigorífico durante 3 horas.

• Servir frío espolvoreado por encima con la canela en polvo.

225 g de arroz

1 bote pequeño de leche condensada

corteza de 1 limón

1 rama de canela

2 cucharadas de café de canela en polvo

$^{1}/_{2}$ l de agua

Budín casero de frutas del bosque

150 g de frambuesas

150 g de moras

150 g de bayas

125 g de grosellas

6 cucharadas de azúcar

1 rama de vainilla

5 yogures naturales

1 vaso de zumo de naranja

6 brioches grandes

• En un cazo grande a fuego lento poner todas las frutas del bosque, espolvorearlas con azúcar y deshacerlas removiendo con una cuchara de madera. Reservar.

• En un bol mezclar los yogures, el zumo de naranja y la vainilla de modo que se forme una crema.

• Cortar los brioches por la mitad y untar cada lado con una capa de crema y otra de frutas del bosque. Colocar cada brioche en una bandeja de servir.

• Introducir la bandeja en el frigorífico y dejarla enfriar al menos un par de horas.

Crema «rechupete»

- Montar la nata y reservar.
- En un cazo grande a fuego fuerte, llevar a ebullición sin remover el agua, seis cucharadas de azúcar y el limón.
- Cuando rompa a hervir bajar el fuego y mover el cazo hasta formar un caramelo. Reservar, enfriar y añadir la leche apartando un vaso. Mezclarla bien.
- Calentar la mezcla a fuego lento sin dejar de remover. Cuando esté disuelto el caramelo retirar y dejar enfriar.
- En un bol grande mezclar bien con una varilla el vaso de leche, la maicena, una cucharada de azúcar y los huevos. Agregar la mezcla reservada y seguir removiendo.
- Calentar la crema y cuando hierva retirarla del fuego y colarla. Incorporar la nata montada y remover bien.
- Verter la crema en boles individuales. Introducir en el frigorífico y dejar enfriar al menos un par de horas. Servir frío.

$^1/_2$ l de leche

200 ml de nata líquida

2 huevos

2 vasos de agua

7 cucharadas de azúcar

2 cucharadas de maicena

1 cucharada de café de zumo de limón

Pestiños

1 1/2 kg de harina de trigo

1/2 l de aceite de oliva

1/2 l de vino blanco

2 cucharadas de anís en grano

corteza de 1 naranja

un bote de miel

- Poner la harina en un bol muy grande.
- Cocer el vino con el anís en grano.
- Calentar el aceite y agregarle la corteza de naranja. Cuando ésta se dore se retira.
- Añadir el vino a la harina y la mitad del aceite una vez haya enfriado.
- Trabajar la masa hasta que quede bien lisa y dar forma a los pestiños.
- Freírlos con cuidado en el resto del aceite muy caliente.
- Cuando se hayan enfriado un poco se pasan por la miel y se sirven.

Crema suave de limón

- Batir bien los huevos y agregar la corteza, el zumo, el azúcar y el agua. Batir hasta que se forme una crema.
- Poner en un cazo de cocina de fondo ancho y cocer la crema a fuego lento hasta que espese.
- Verter en cazuelas individuales. Poner en la nevera durante un par de horas. Servir frío.

3 huevos

100 ml de zumo de limón

corteza de 1 limón

125 g de azúcar

3 cucharadas de agua

Crema suave de naranja

8 naranjas

3 huevos

6 cucharadas de azúcar

2 cucharadas de café de maicena

corteza de 1 naranja

• Batir las yemas con el azúcar. Cuando la masa comience a ser compacta añadir la corteza de la naranja. Seguir batiendo hasta lograr una masa muy espumosa.

• Verter la mezcla en un cazo de cocina y a fuego lento y, sin dejar de remover, cocer agregando la maicena y el zumo de las naranjas. Reservar en cuanto espese.

• Montar las claras a punto de nieve, agregar a la crema y mezclar bien.

• Verter la crema en boles individuales e introducir en el frigorífico durante 2 horas.

• Servir frío.

Batido de chocolate invernal

4 tazones de leche

4 cucharadas de miel

4 cucharadas de cacao en polvo

- Esta receta tan simple es ideal para los días de intenso frío.

- En un cazo calentar la leche. Antes de que hierva retirar y reservar.

- En cada taza poner una cucharada de leche, el cacao y la miel, y remover bien.

- Añadir poco a poco el resto de la leche sin dejar de remover.

Bizcocho de pueblo

6 huevos

180 g de azúcar

125 g de harina

25 g de mantequilla

corteza de 1/2 limón

1 cucharada de café de levadura

azúcar glasé

- Partir los huevos y separar las yemas de las claras.
- Batir las yemas con el azúcar hasta lograr una masa compacta.
- Incorporar a continuación por este orden la harina, la levadura y el limón, y mezclar bien. Reservar.
- Batir las claras a punto de nieve. Mezclarlas con la crema que hemos reservado.
- Untar con mantequilla la base de una fuente de horno y verter en ella la crema.
- Meter en el horno durante media hora a 180 ºC. Para comprobar que el bizcocho esté listo meter una aguja de horno. Si sale limpia significará que está ya al punto.
- Servir espolvoreado con azúcar glasé y acompañado de mermelada al gusto.

Flan de pastor

400 g de miga de pan del día

4 huevos

$^{1}/_{2}$ kg de azúcar

1 l de leche fresca

corteza de 1 limón

2 cucharadas de agua

- En un cazo grande a fuego lento formar un caramelo con el agua y 50 g de azúcar evitando que hierva. Cuando tengamos el caramelo vertirlo en flaneras individuales.

- En un cazo grande calentar a fuego lento la leche con la corteza del limón retirándola cuando rompa a hervir. Separar un tazón.

- Mezclar la leche que hemos separado con la miga totalmente deshecha. Cuando estén bien mezcladas se incorporan los huevos batidos y el resto de la leche. Remover bien con un tenedor.

- Rellenar las flaneras individuales.

- Cocer los flanes al baño María durante unos 45 minutos en el horno precalentado a 180 °C.

Tarta de yema y almendra

20 yemas de huevo

$1/2$ kg de almendras

$1/2$ kg de azúcar

agua

un poco de harina

- Moler las almendras.

- Poner el azúcar en un cazo y cubrir con agua un dedo por encima del azúcar. Hervir hasta conseguir un almíbar.

- Añadir las almendras y un poco de harina. Dejar enfriar.

- Agregar las yemas y batir bien. Le puedes añadir un poco de manteca de cerdo para darle más gusto.

- Colocar la masa en un molde donde previamente puedes haber puesto una base de hojaldre.

- Hornear durante unos 45 minutos a horno medio.

Helado de limón casero

- Montar las claras a punto de nieve.
- En una batidora mezclar y batir todos los ingredientes. Cuando se haya formado una crema añadir las claras.
- Verter la crema en un bol e introducir en el congelador.
- Servir completamente helado adornado con una galleta crujiente.

zumo de 1 kg de limones

300 g de azúcar

ralladura de 1 limón

2 huevos

agua en doble proporción que el zumo de limón

Helado de vainilla con nueces al coñac

1 l de helado de vainilla

125 g de nueces

35 g de mantequilla

1 copa de coñac

70 g de chocolate fondant rallado

4 cucharadas de crema de leche

• En una sartén derretir la mantequilla y añadirle inmediatamente las nueces peladas y partidas a cuartos. Rehogarlas durante un par de minutos. Retirar del fuego.

• Regar las nueces con el coñac y prenderles fuego. En cuanto se apague la llama separar las nueces y echar el chocolate y la crema de leche. Calentarlo todo removiendo bien hasta que se forme una crema espesa.

• Servir caliente sobre una bola de helado de vainilla.

Leche frita de toda la vida

- Separar las claras de las yemas de 4 huevos.
- En un cazo grande cocer a fuego lento la leche, el azúcar, las yemas y la maicena sin dejar de remover. Antes de que la leche rompa a hervir agregar la corteza de limón y dejar que se espese.
- Verter la crema sobre una fuente alargada y dejar que se enfríe en la nevera.
- Cortar la crema a trozos medianos y rebozar cada uno en huevo y harina.
- Freír las piezas de leche frita en una sartén con aceite muy caliente. Retirar cuando estén doradas por ambos lados.
- Pasarlas por un plato con una mezcla de azúcar y canela.

$^1/_2$ l de leche fresca

6 huevos

4 cucharadas de azúcar

2 cucharadas de maicena

corteza de 1 limón

4 cucharadas de harina

8 cucharadas de aceite de oliva

1 cucharada de canela en polvo

3 cucharadas de azúcar (para rebozar)

Macedonia «alegría de la huerta»

1 manzana golden

1 manzana roja

2 plátanos

1 pera

150 g de fresas

zumo de 3 naranjas

1 cucharada de zumo de limón

3 cucharadas de azúcar

- Pelar y cortar las manzanas y la pera a dados.
- Pelar y cortar los plátanos a láminas no muy finas.
- Lavar y cortar las fresas en cuatro trozos.
- Introducir todas las frutas en un bol grande. Mezclarlas bien con el zumo de naranja y el limón.
- Meter en el frigorífico durante un par de horas. Antes de servir poner el azúcar y mezclar bien.
- Servir en boles individuales.

Manzanas laminadas

- Pelar las almendras, tostarlas y molerlas. Reservar.
- Pelar las manzanas, quitarles el corazón y cortarlas a láminas. Colocarlas en una fuente.
- Espolvorear el azúcar por encima de las láminas de manzana y rociar todo con el zumo de limón.
- En una sartén asar las manzanas hasta que se funda el azúcar.
- Servir en una fuente espolvoreadas con las almendras molidas.

6 manzanas

200 g de almendras

6 cucharadas de azúcar

zumo de 1 limón

50 g de mantequilla

Mis natillas

½ l de leche

150 g de azúcar

4 huevos

1 cucharada de café de maicena

corteza de 1 limón

3 cucharadas de café de canela en polvo

- Separar la yema y la clara de 2 huevos. Reservar
- En un cazo grande a fuego lento calentar la leche con el azúcar. Antes de que rompa a hervir añadir 2 huevos enteros, 2 yemas, la maicena y el limón. Remover siempre en la misma dirección con una cuchara de madera hasta que se forme una crema espesa. Retirar del fuego y dejar enfriar.
- Meter en el frigorífico durante 3 horas.
- Servir fría espolvoreada por encima con la canela en polvo.

Mousse de fresones a la tía Joaquina

500 g de fresones

2 claras de huevo

350 g de azúcar

250 g de nata para montar

• En el minipimer se baten los fresones hasta que se obtenga un puré bien espeso. Reservar.

• Montar la nata añadiendo el azúcar poco a poco hasta que se consiga que la nata esté consistente.

• Montar las claras a punto de nieve.

• Incorporar poco a poco al puré tanto la nata como las claras sin dejar de remover. Cuando la mezcla sea consistente, colocar la mousse en copas de servir helado.

• Meter en la nevera y dejar enfriar un par de horas. Servir frío.

Nueces al chocolate

200 g de nueces

200 g de chocolate

275 g de mantequilla

125 g de azúcar glasé

3 huevos

• Pelar las nueces y machacarlas en el mortero. Reservar.

• En un bol grande mezclar el azúcar con las yemas. Batir bien y cuando se haya formado una masa espesa agregar 175 g de mantequilla ligeramente derretida; añadir las nueces y las claras a punto de nieve.

• Verter la mezcla en un recipiente redondo; meterlo en la nevera al menos unas 12 horas.

• Antes de servir en un cazo a fuego lento calentar el chocolate con el resto de la mantequilla sin dejar de remover.

• Sacar las nueces, verterlas sobre una fuente de servir redonda y echar por encima el chocolate caliente.

Pastel de manzana

- Mezclar bien la mantequilla, la harina, el azúcar, los huevos y la levadura.

- Untar la base de un molde de horno desmontable con mantequilla y verter en él la mezcla.

- Meter en el horno precalentado a 180 °C durante 5 minutos. Retirar del horno.

- Pelar las manzanas y cortarlas a láminas bien finas. Repartirlas sobre la masa que hemos retirado del horno y espolvorear con un poco de azúcar.

- Introducir de nuevo el molde en el horno y dejar cocer durante media hora. Las manzanas tienen que estar doradas.

2 manzanas golden

2 huevos

125 g de mantequilla en pomada

1 cucharada de mantequilla

100 g de azúcar

100 g de harina

1 cucharada de café de levadura en polvo

Pastel tropical

10 rodajas gruesas de piña en almíbar

5 cucharadas de harina

5 cucharadas de azúcar

100 g de mantequilla en pomada

100 ml de caramelo líquido

1 cucharada de levadura en polvo

3 huevos

1 pellizco de sal

• Untar un molde grande y redondo de horno con el caramelo.

• Colocar las rodajas de piña en el fondo.

• En un bol aparte mezclar los huevos batidos con la mantequilla, la harina y la sal. Cuando se haya logrado una masa compacta verterla en el molde sobre las rodajas de piña.

• Introducir el molde en el horno y cocerlo a 180 °C durante media hora.

• Servir a temperatura ambiente.

Peras morenas

- Pelar las peras dejando su rabito.

- En un cazo grande hervir a fuego lento las peras con el agua y el azúcar hasta que ablanden. Reservar las peras en una fuente de servir.

- Desahacer el chocolate al baño María y verterlo por encima de las peras. Servir al momento.

6 peras

300 g de chocolate negro

5 cucharadas de azúcar

2 vasos de agua

Plátanos «chamuscaos»

6 plátanos

3 cucharadas de miel

3 cucharadas de zumo de limón

3 cucharadas de zumo de naranja

- Pelar los plátanos, cortarlos por la mitad y colocarlos en una bandeja de horno.
- Verter por encima la miel, el zumo de limón y el zumo de naranja.
- Meter la bandeja en el horno a 200 °C durante 8 minutos.
- Transcurrido este tiempo, gratinar durante 5 minutos.
- Servir caliente.

Torrijas caseras

1 barra de pan

8 cucharadas de miel

2 huevos

2 vasos de leche

1 vaso de agua

6 cucharadas de aceite de oliva

- Cortar la barra de pan a rebanadas no demasiado gruesas. Empapar los trozos con la leche. Escurrir.

- Batir bien los huevos e impregnarlos bien en las rebanadas remojadas.

- En una sartén cuando el aceite esté muy caliente freír las rebanadas. Reservar.

- En un cazo grande mezclar la miel con el vaso de agua hasta que se forme un almíbar. Poner a fuego lento y cuando el almíbar hierva pasar las rebanadas. Cuando estén bien empapadas de almíbar, colocarlas en una fuente.

- Servir calientes.

Repápalos con leche

5 huevos

$^{1}/_{2}$ l de leche

$^{1}/_{2}$ kg de miga de pan

$^{1}/_{4}$ kg de azúcar

aceite de oliva

2 cucharadas de canela

1 cucharada de azúcar

un chorro de leche

- Este postre es delicioso y muy original.
- Remojar el pan en la leche.
- Agregar los huevos batidos, el azúcar y una cucharada de canela.
- Preparar una masa no muy compacta.
- Con ayuda de una cuchara formar bolas que se van friendo en el aceite no muy caliente.
- Una vez fritas se ponen en un recipiente con una cucharada de azúcar, una de canela y un chorro de leche.
- Servir muy fríos.

Mis 100 trucos

Los pequeños secretos de cocina que se van transmitiendo de generación en generación constituyen muchas veces la clave para que un plato te salga mucho mejor de lo previsto. He intentado recuperar cien trucos que aprendí de mi madre, mi abuela y mi tía Joaquina. Son ideales para ahorrar tiempo, para solucionar algún problema de última hora, evitar inconvenientes o solventarlos fácilmente y, sobre todo, para descubrir lo sencillo que puede ser cocinar conociendo algunos detallitos esenciales que muchas veces nos pasan desapercibidos. Espero que os sean útiles.

1. Para pelar las acelgas, coge la parte inferior del tallo con las dos manos y pártelo por la mitad.

2. Cuando hiervas el agua para cocinar echa la sal cuando el agua rompa a hervir pues de lo contrario el agua tardará más en calentarse.

3. Si quieres cortar los rabos de las espinacas sujeta la hoja con una mano. Con la otra dobla la hoja por la mitad y tira con fuerza hacia fuera.

4. Para saber si un trozo de pescado tiene espinas pásale el dedo índice por encima. Notarás enseguida si ese filete las tiene. Para sacar la espina utiliza un cuchillo puntiagudo.

5. Cuando hiervas zanahorias enteras que sean muy gruesas para evitar que se quede duro el corazón practícale un par de incisiones antes de echarlas en la olla.

6. La mejor forma de cocer los espárragos es colocándolos en el cazo con la punta hacia arriba y evitando que el agua los cubra por completo.

7. Si deseas conservar los espárragos crudos durante más de tres días cúbrelos con un paño de cocina húmedo y mételos en la nevera. La cabeza de los espárragos debe colocarse en la misma dirección.

8. El queso rallado que utilices para condimentar un plato, rállalo poco antes de utilizarlo.

9. No sirvas nunca los espárragos hervidos fríos como es costumbre en muchas zonas de España. Para que conserven su sabor y frescura conviene servirlos templados.

10. No utilices nunca vinagre para aliñar las zanahorias, lograrás que tengan mejor sabor aliñándolas con aceite y un poco de limón.

11. Antes de freír los filetes de pescado quítales la humedad con un paño seco. Verás como te quedarán mejor fritos pues de lo contrario la humedad del filete absorbe toda la harina.

12. Para lograr que la carne quede bien rebozada utiliza un tamiz y espolvorea la harina

por encima. Es más práctico y queda mejor repartida que si colocas la harina en un plato.

13. Al preparar una menestra de verduras te aconsejo que hiervas cada uno de los productos por separado. Lograrás conservar con ello su auténtico sabor.

14. Si vas a cocinar con algún fondo de caldo congelado, hiérvelo primero.

15. Los fresones se empiezan a cortar siempre por la base.

16. Para saber si las patatas son harinosas pártelas por la mitad y frótalas entre sí. Si se forma un poco de espuma es que lo son.

17. Evitarás que se te resequen las yemas de los huevos remojándolas por encima con unas gotas de aceite.

18. Cortarás mejor las rebanadas finas de pan si mojas con agua caliente la punta del cuchillo.

19. Para evitar que se ennegrezcan las alcachofas durante la cocción antes de meterlas en la olla rocíalas con unas gotas de limón.

20. Para aliñar las ensaladas sustituye el vinagre por limón. Tendrán un sabor más aromático.

21. Para que el ajo no pierda su aroma en el sofrito dale unas vueltas con una espátula de madera en la sartén y retíralo antes de que dore.

22. No sazones la carne antes de cocerla. Cuando las cartas son a la plancha o a la parrilla lo mejor es que lo hagas a mitad de cocción. Obtendrás una carne más jugosa.

23. Para freír carnes o salsas, pon poco aceite y te evitarás que haya mucha grasa.

24. Cuando hayas cocido verdura, para que mantenga su color, escúrrela y pásala por debajo de un chorro de agua fría.

25. Cuando montes las claras a punto de nieve y te queden muy grumosas, las rebajarás añadiéndoles un par de gotas de limón.

26. Conserva siempre el caldo en el frigorífico.

27. Para lograr que los granos de arroz queden sueltos agrega a mitad de la cocción un vaso de agua fría. Este método es válido también para la pasta.

28. Otro método para evitar que se peguen los granos de arroz es echando al principio de la cocción unas gotas de aceite en el agua.

29. Para que te quede bien la fritura de los filetes de lenguado aplánalos antes de ponerlos en la sartén.

30. El caldo que hayas preparado el día anterior lo podrás clarificar hirviéndolo a fuego lento y añadiéndole una cucharadita de bicarbonato de sosa.

31. Para ligar bien una salsa coloca la mantequilla en el centro del cazo y llévala a ebullición a fuego lento.

32. El caramelo que utilices para preparar los postres deberás hacerlo a fuego mínimo.

33. A la macedonia de frutas no le añadas el azúcar hasta unos momentos antes de servirla a la mesa ya que de lo contrario se ablandarán.

34. Si quieres que un asado te quede muy brillante espolvoréalo ligeramente con un poco de azúcar en polvo.

35. Conseguirás que las patatas fritas te queden muy crujientes si al echarlas en la sartén están muy secas y el aceite está muy caliente.

36. No laves nunca los huevos porque tienen una cáscara que los protege y con el agua la eliminarás.

37. Para cocer la pasta utiliza una olla sin tapar y con abundante agua salada. Echa la pasta cuando el agua rompa a hervir y los primeros tres minutos remueve contantemente con un tenedor de madera.

38. Una pasta mal escurrida te complicará la mezcla con la salsa que hayas elegido para ese plato.

39. La pasta tendrá más sabor si le añades a la cocción un chorro de aceite de oliva y una hoja de laurel.

40. Tómate el arroz recién hecho, de lo contrario podrías tener una intoxicación. Si no vas a comértelo recién hervido lo más adecuado es que lo conserves en el frigorífico.

41. Envuelve siempre la mantequilla con un papel de aluminio o transparente de plástico o en un envase cerrado. La mantequilla absorbe con gran facilidad los olores.

42. Los tallos mustios de los apios se reverdecerán metiéndolos en un bol con agua fría y rociándolos con unas gotas de zumo de limón.

43. Para preparar frutas al horno –especialmente peras y manzanas– utiliza siempre las más maduras ya que durante la cocción esto dará más sabor a la fruta.

44. Lava siempre los fresones antes de retirar el rabo porque de lo contrario absorberán el agua.

45. Cuando tengas que preparar platos que requieran un sofrito utiliza siempre una cazuela de barro, te quedarán más sabrosos.

46. Cuece las patatas con agua fría, es la única forma de que conserven intacta su riqueza y su sabor. Si lo haces cuando el agua ha roto a hervir se romperá enseguida la piel.

47. La mejor manera de hervir los pescados es meterlos cuando el agua está fría y llevarlos a ebullición.

48. Los mariscos te quedarán perfectos echándolos en la olla cuando el agua esté hirviendo y retirándolos cuando el agua haya recobrado de nuevo la ebullición.

49. Para enriquecer un caldo mete todos los ingredientes en la olla con el agua fría. Conseguirás que todo lo nutritivo de los ingredientes enriquezca el caldo.

50. Los mejores rebozados son aquellos que se preparan con los ingredientes bien secos.

51. Añadiéndole una pizca de sal a la fritura evitarás que te salpique el aceite.

52. Las carnes y pescados de tamaño grande fríelos siempre a fuego medio, así conseguirás que se hagan bien por dentro y doraditos por fuera.

53. Para freír empanados y fritos pequeños utiliza siempre mucho aceite y ponlos en la sartén cuando el aceite esté muy caliente. Comienza a fuego fuerte y bájalo después a fuego medio.

54. Cuando hagas carne a la parrilla colócala sobre las brasas cuando éstas se encuentren bien prendidas y calientes. De lo contrario la carne se quedará pegada a la parrilla.

55. En una parrilla, a la carne se le da sólo un par de vueltas. Antes de retirarla del fuego sazónala.

56. Cuando vayas a cocinar sesos desángralos en una olla con agua bien fría y cámbiala varias veces.

57. Cuando se trate de sofreír verduras pon primero en la sartén las de cocción lenta y luego añade las de cocción rápida.

58. Las espinacas cocidas quedan a veces un poco húmedas. Envuélvelas en un paño de cocina seco y prénsalas. Se irá toda el agua acumulada en el interior.

59. Para conseguir que los guisantes y las judías conserven mejor su sabor y su frescura añádele una ramita de menta al agua.

60. Si vas a saltear zanahorias puedes sustituir el aceite por zumo de naranja, te quedarán más jugosas y las sacarás a la mesa con un color anaranjado más intenso.

61. Una forma de evitar grietas en la cáscara de un huevo mientras lo estamos hirviendo es introducir en el extremo más ancho una aguja.

62. Si deseas calentar miel hazlo siempre al baño María.

63. Cuando necesites queso rallado, te recomiendo que, para conservar su frescor, compres una pieza entera y la ralles a última hora.

64. Para mantener el sabor y la frescura de una ensalada alíñala en el último momento.

65. Sabrás si la temperatura del aceite es la adecuada echando un pedazo de pan en la sartén. Si al echarlo se te tuesta enseguida es que está al punto.

66. Para conseguir que el dorado de los rebozados sea más intenso pon la mitad de mantequilla y de aceite en la sartén.

67. Cortarás mejor la carne que has sacado del horno dejándola reposar durante unos diez minutos. Te resultará más fácil cortarla a temperatura ambiente.

68. Para conseguir que la carne dura se ablande durante la cocción, añádele un cucharadita de coñac.

69. Añádele una miga de pan al aceite caliente de la sartén y te evitarás los malos olores durante la fritura.

70. Para evitar que se vierta la leche que se está hirviendo en un cazo basta con moverlo ligeramente con el mango.

71. Pelarás mejor los huevos duros si durante la cocción le agregas al cazo abundante sal gorda.

72. Evitarás que se corte la mayonesa si le echas unas gotas de zumo de limón.

73. La mayonesa se corta menos si los productos que utilizas están a temperatura ambiente.

74. Evitarás que te caigan lagrimones si cortas las cebollas junto a un chorro fuerte de agua fría.

75. Sazona las legumbres a mitad de cocción ya que si lo haces al principio corres el riesgo de que se endurezca la piel.

76. El método más sencillo para pelar los tomates es hirviéndolos a fuego lento durante un par de minutos.

77. Cuando prepares gazpacho trata de tomártelo pronto pues las verduras que se conservan mucho tiempo tienden a fermentar una vez se han triturado.

78. Airea regularmente la harina que conservas en la despensa. Tiende a fermentarse y puede convertirse en un alimento indigesto.

79. Cuando cuezas los huevos, para evitar que se agrieten coloca un clavo o una cucharilla en el fondo del cazo.

80. Si deseas mantener caliente un huevo recién cocido, ponlo en agua templada.

81. Cuando se debe elegir un buen melón fíjate en los que tengan una piel muy arrugada y granulosa. Luego toca el rabillo, estará a punto cuando ceda fácilmente.

82. Hierve la leche fresca a fuego muy vivo y en el menor tiempo posible. De esta manera conseguirás conservar todos sus vitaminas.

83. Escalfa previamente todos las verduras y legumbres que vayas a congelar.

84. Sala los alimentos a mitad de cocción, y así te evitarás que desprendan agua y que el aceite te salpique.

85. Para freír cualquier alimento, a excepción de cuando lo indica una receta, hazlo siempre con el aceite bien caliente.

86. Cualquier fritura debe hacerse con pocos productos. Debes calcular cinco volúmenes de aceite por pieza.

87. Conseguirás que las patatas presenten un buen aspecto y se mantengan apetitosas guardándolas en un lugar fresco y oscuro.

88. El arroz hervido gana en sabor si en lugar de hervirlo en agua lo preparas utilizando caldo de carne o verduras.

89. Averiguarás qué judías están en mal estado si las viertes en un recipiente lleno de agua. Las que floten deséchalas.

90. Limpia siempre las verduras enteras. Las verduras que se limpian trozeadas pierden todo su sabor.

91. No deseches nunca el agua que has utilizado para hervir la verdura porque lo puedes aprovechar para hacer un caldo muy sabroso.

92. Deja las legumbres en remojo entre cinco y seis horas, cambiando el agua un par de veces. Si no lo haces así corres el riesgo de que fermenten.

93. Para las personas gruesas como yo es conveniente tomar frutas poco maduras porque purifican la sangre.

94. Elige siempre las coles, lechugas, escarolas, cogollos y similares lo más verde posible. Cuanto más color tengan más nutritivas serán y más vitaminas aportarán a tu organismo.

95. No abuses de las especias para condimentar los platos ya que perjudican el funcionamiento del riñón y del hígado.

96. Para evitar que los microbios infecten la corteza del queso límpialo permanentemente con un trapo humedecido en aceite.

97. Siempre que saques un frito de la sartén colócalo sobre un papel de cocina para que absorba el aceite.

98. Cuando trabajes la harina en repostería tamízala siempre porque así te evitarás posteriores grumos.

99. Las hierbas que se agregan al caldo pierden todo su aroma si se incorporan al principio de la cocción. Conviene hacerlo a mitad de cocción.

100. Si colocas un clavo en la sartén durante la fritura te evitarás que salpique el aceite.

Índice de recetas